Os Pecados de Grande Petróleo

Como as multinacionais destroem nosso planeta, clima e economia enquanto lucram loucamente e usam o Greenwashing para enganar a sociedade!

Edição 3.0

GREEN MEDIA HOUSE

&

GLOBAL PEACE FRONT

Isenção de responsabilidade

Grande poluição por petróleo

Combater a mudança climática é algo que fazemos juntos. No mundo todo, as pessoas estão encontrando a força e a coragem para agir. No entanto, há uma série de grandes poluidores que estão sendo deixados para trás. Essas empresas emitem quantidades excessivas de CO2 todos os anos na Holanda. Já é hora de colocarmos os maiores poluidores, e as empresas que causam danos ao clima no centro das atenções e começarmos a responsabilizá-las pelos danos que estão causando à nossa casa coletiva.

A Shell é uma empresa holandesa de petróleo e gás com sede na Holanda. Sua reputação de negro-petrolífera é agora do conhecimento geral. Além de suas emissões maciças de quase 7 Megatoneladas por ano na Holanda, a história da empresa é uma seqüência de práticas malignas. Este grande poluidor é parcialmente responsável pelos terremotos que assolam Groningen há anos, viola os direitos humanos na Nigéria e tem dezenas de processos judiciais contra ela por corrupção e poluição. A Shell sabe há quase 60 anos sobre os efeitos nocivos de seus produtos sobre o aquecimento global.

A BP é uma empresa petrolífera britânica com uma refinaria de petróleo na Holanda. Esta refinaria processa 400.000 barris de petróleo diariamente e emite até 2,2 Megatoneladas de CO2 anualmente. A BP é responsável por um dos maiores derramamentos de petróleo da história: o derramamento de petróleo no Golfo do México em 2010. O desastre matou 11 pessoas e teve conseqüências terríveis para ecossistemas marinhos frágeis. A BP parece não aprender com seus erros fósseis e este grande poluidor quer perfurar petróleo perto do imaculado e recém-descoberto Recife Amazônico, e no Mar do Norte.

Esso é uma marca internacional da empresa americana Exxon Mobil Corporation. A Esso possui mais de 200 estações de serviço em toda a Holanda e uma refinaria em Rotterdam. Esta refinaria emite mais de 1,5 Megatoneladas de CO_2 por ano nos Países Baixos. A Exxon Mobil sabia da ligação entre as emissões de CO_2 e o aquecimento global já em 1978. No período seguinte, a grande poluidora Exxon Mobil lançou um poderoso lobby para lançar dúvidas sobre a mudança climática. Nos Estados Unidos, a empresa é conhecida como a maior financiadora dos céticos do clima dos EUA.

A Dow Chemicals é uma empresa de origem americana. A empresa é a maior produtora de plásticos e a segunda maior empresa química do mundo. Suas plantas químicas em Terneuzen emitem coletivamente mais de 4,1 Megatoneladas de CO_2 por ano. É justamente uma das maiores poluidoras. No outro lado do mundo, a Dow Chemicals está sendo ligada ao maior desastre industrial de todos os tempos. O desastre tóxico na cidade indiana de Bhopal ocorreu em 1984, mas seus resíduos nunca foram limpos. Além disso, os sobreviventes do desastre nunca receberam uma compensação adequada. 30 anos mais tarde, crianças deformadas ainda estão nascendo em Bhopal como resultado do desastre.

"A nível nacional e internacional, surgiu a convicção de que as universidades, instituições de conhecimento e empresas devem trabalhar para uma sociedade neutra em relação ao CO2 dentro de um período de tempo realista", é a descrição do "Simpósio Van Cauteren - Dutré Arenberg" para o qual estas empresas foram convidadas em 24 de novembro. Com a idéia de que estas duas empresas fossem uma espécie de partes interessadas iguais ao lado dos cidadãos, políticos e universidades, ArcelorMittal e ExxonMobil receberam uma plataforma para explicar suas políticas climáticas.

 Logo surgiu uma carta aberta com mais de 150 assinaturas de acadêmicos, estudantes e organizações de meio-campo questionando esta plataforma. O problema com o enquadramento do evento é que ele encobre os danos e as intenções da ArcelorMittal e da ExxonMobil. Ambos têm uma enorme responsabilidade pela destruição de nosso clima, uma responsabilidade muito mais severa do que a das pessoas comuns. Além disso, recebem milhões de subsídios de dinheiro público que não garantem nenhuma política climática social.

Uma história de poluição
Na Bélgica, 243 multinacionais dos setores industrial e energético são responsáveis por 40% das emissões de

CO2. As 5 principais dessas empresas, que incluem ArcelorMittal e ExxonMobil(1) , por sua vez, são responsáveis por 20% de todas as emissões de CO2 na Bélgica. A ArcelorMittal é a maior poluidora com 9,4 milhões de toneladas de CO2 em 2019.
A empresa petrolífera ExxonMobil produziu 2,1 milhões de toneladas de CO2 nesse mesmo ano através de sua refinaria Esso em Antuérpia.

 Ambas as empresas têm um péssimo histórico, mostrando que colocam seus próprios interesses financeiros acima do clima, do meio ambiente e das pessoas. Na Europa, a ArcelorMittal é uma das empresas mais poluidoras, tanto em termos de emissões de CO2 como de danos ambientais.

 As emissões de CO2, bem como os danos ambientais . As substâncias que enviam para a atmosfera contribuem para enormes danos à saúde e custos médicos para milhares de pessoas. Mas a empresa também contribui para a grave poluição ambiental mundial através da mineração de suas matérias primas.

 A história da ExxonMobil é ainda mais familiar. Já em 1977, o gigante do petróleo sabia da existência da mudança climática, mas até hoje continua a despejar dinheiro em tanques de pensamento que lançam dúvidas sobre o problema ou o negam abertamente.

Nos EUA, eles são conhecidos como o grupo de lobby mais barulhento contra a política climática. Além disso, eles citam sistematicamente valores de emissões mais baixos do que eles realmente poluem. Hoje em dia, o gigante do petróleo gira US$ 253 bilhões em receitas provenientes de operações que levam à destruição de nosso planeta.

Milhões em subsídios sem garantias
Apesar desta história, durante o simpósio eles terão o prazer de se apresentar como empresas que estão fazendo seu melhor para o clima. Como tal, elas recebem os subsídios necessários de vários governos para fazê-lo. O problema com esses subsídios é que eles não têm qualquer efeito sobre a redução de suas emissões.

Por exemplo, todos os anos eles recebem dinheiro do Fundo Flamengo para o Clima para compensar os custos do Sistema Europeu de Comércio de Emissões (ETS). Sob este sistema, as empresas devem comprar direitos de emissão para poluir. Ao conceder subsídios, o governo quer evitar "vazamento de carbono": deslocar a produção para áreas com legislação climática menos rigorosa. Ainda incluídos nos subsídios: milhões de licenças gratuitas para compensar os chamados custos em que incorrem na transição energética. Assim, os governos estão pagando a "penalidade climática" das empresas, ao invés de serem as próprias multinacionais a usar seus ativos para avançar em direção a uma transição verde. Qualquer pressão financeira para fazer a transição cai, assim, por terra.

No ano passado, a ExxonMobil recebeu mais de 3 milhões de euros em subsídios por seus "
custos
indiretos
de emissão".

Até recentemente, a ExxonMobil recebia um milhão de euros a mais a cada ano. A ArcelorMittal recebeu 13 milhões de euros de apoio, além de 2 milhões de euros de "apoio estratégico à transformação" e 4 milhões de euros de "apoio estratégico à ecologia". Mas os subsídios mais gordos são os subsídios gratuitos. Dos 9 milhões de toneladas de CO2 que a ArcelorMittal emitirá este ano, 7,5 milhões de toneladas serão compensados por direitos de emissão gratuitos no valor de 450 milhões de euros. A ExxonMobil recebeu licenças gratuitas no valor de 21,6 milhões de toneladas de CO2 entre 2005 e 2015. Mais do que suas emissões efetivas, o que faz deles um extra descuidado de 4,2 milhões de euros.

Assim, embora centenas de milhões de subsídios vão para empresas poluidoras, as emissões dos setores que recebem apoio e comercializam as permissões de emissão não diminuíram desde 2011. Na verdade, as emissões diretas da ArcelorMittal (sem contar com uma usina elétrica a gás Engie operando com o gás da empresa) e as emissões da ExxonMobil realmente aumentaram entre 2013 e 2019. O governo está organizando uma transferência maciça de dinheiro de impostos de baixo para cima para permitir que empresas como ArcelorMittal e ExxonMobil poluam.

Investimento do governo, lucro para a iniciativa privada
Entretanto, a ArcelorMittal anunciou recentemente um
investimento em larga escala para reduzir as emissões
de sua produção em 3,9 milhões de toneladas de CO2,
substituindo um de seus altos-fornos por um elétrico
que pode funcionar primeiro com gás natural e depois
com hidrogênio. A longo prazo, isto poderia de fato
tornar sua produção neutra para o clima, mas a questão
é o quanto a ArcelorMittal está pagando por ela
mesma.

O gigante do aço afirma que não pode fazê-lo sem o
financiamento do governo. Através de uma joint
venture, a empresa e o governo flamengo estão
pagando 350 milhões de euros cada um, além de um
empréstimo de 400 milhões de euros do Banco Europeu
de Investimentos (BEI). A ArcelorMittal Bélgica,
entretanto, pagou quase 100 milhões de euros a seus
acionistas no ano passado e 300 milhões no ano
anterior. Em outubro deste ano, os trabalhadores da
fábrica demitiram-se do trabalho porque não estavam
recebendo nenhum tipo de aumento salarial em seu
lugar. Com o aumento dos preços do aço, o grupo já
obteve lucros de 4,6 bilhões de dólares em todo o
mundo este ano.

A ExxonMobil já obteve lucros de US$ 6,7 bilhões em
todo o mundo este ano. Portanto, não só estamos
subsidiando a poluição deles, mas também os
investimentos verdes que eles são perfeitamente
capazes de pagar por si mesmos. Os custos são para a

comunidade, mas os lucros vão para os acionistas.

Um debate sobre recursos públicos Há
uma necessidade urgente de um amplo debate público
sobre o papel dessas empresas no aquecimento global e
como nossos governos estão dando a elas milhões de
euros como presentes sem nenhuma garantia. O
formato atual do simpósio na KU Leuven, que dá uma
plataforma à ArcelorMittal e ExxonMobil sem qualquer
resposta crítica, não é um bom exemplo.

 Dinheiro que poderia ser muito melhor investido.
Porque cada centavo é uma escolha: o dinheiro que vai
para multinacionais lucrativas também pode ser usado
para investir em transporte público, produzir sua
própria energia verde, isolar casas ou construir
moradias sociais. "Isso significa abrir o debate sobre
como os fundos públicos podem ser gastos para tornar
nossa indústria neutra para o clima", escreve Bond
Beter Leefmilieu sobre isso. "Nós damos cheques em
branco ou exigimos retornos claros dessas empresas?"

 A faculdade de engenharia faria melhor para mudar o
formato do debate. Ela poderia conseguir que pessoas
do movimento ambientalista, cientistas do sindicato
IPCC, pessoas dessas próprias empresas falassem. Ao
fazer isso, além disso, ela ensina uma verdadeira atitude
científica e crítica aos futuros engenheiros que
valorizam a sustentabilidade e o pensamento crítico.
Desta forma, não deixamos o debate para as

multinacionais poluidoras que são a causa da destruição de nosso planeta.

Tabela de Conteúdos

Isenção de responsabilidade   **1**

Grande poluição por petróleo   **2**

Tabela de Conteúdos   **11**

Matar o plantador para obter lucro?   **12**

Mais subsídios para combustíveis fósseis?   **16**

Temos de assumir a responsabilidade!   **18**

Os pecados do grande petróleo   **23**

O grande petróleo destrói nossos rios, lagos, mares e oceanos 27

Perfuração de petróleo e gás que se descobriu ser a causa do derretimento do Ártico   *41*

Grandes economias em ruínas petrolíferas   *44*

Grandes conflitos de combustíveis petrolíferos   *68*

A estratégia de saída do grande petróleo?   **109**

Estratégia com petróleo e gás   *113*

É política, estúpido   *118*

Matar o plantador para obter lucro?

"Poluição O desastre da BP causa peixes deformados no Golfo do México".
Camarões sem olhos e peixes com anormalidades nos tecidos estão se tornando mais comuns no Golfo do México. Os cientistas suspeitam que a poluição causada pelo desastre de 2010 da plataforma de perfuração Deepwater Horizon da empresa petrolífera BP é a causa.

"Os pescadores nunca viram nada parecido", disse Jim Cowan, professor do Departamento de Oceanografia e Ciências Costeiras da Louisiana State University. "Nos vinte anos em que tenho pesquisado o red snapper, vi de vinte a trinta mil peixes". E eu, também, nunca vi nada parecido". Cowan ouviu falar pela primeira vez dos pescadores sobre peixes com feridas e anormalidades na pele em novembro de 2010, sete meses após o desastre.

Tracy Kuhns e seu marido Mike Roberts, pescadores comerciais de Barataria, Louisiana, dizem que estavam pescando camarão sem olhos. "Durante o auge da estação do camarão branco, em setembro, uma amiga nossa pescou 400 libras disso", diz Kuhns, que mostra um camarão sem olhos para ilustrar sua história.

Kuhns afirma que durante esse período na baía de Barataria, uma área que sofreu muito com o desastre, pelo menos metade do camarão capturado não tinha olhos. No Golfo do México, Alabama e Mississippi, o camarão também está sendo pescado sem olhos". Também estamos vendo caranguejos sem olhos, caranguejos com conchas macias e não duras, caranguejos adultos que têm apenas um quinto de seu tamanho normal e caranguejos sem garras".

Darla Rooks, uma pescadora de Port Sulfur, Louisiana, diz ter visto caranguejos com anormalidades em suas conchas e caranguejos que estão "morrendo de dentro para fora". Os animais que ela diz ainda estão vivos, "mas quando você os abre, eles cheiram como se estivessem mortos há uma semana".

Produtos químicos
Riki Ott, toxicólogo e biólogo marinho, acha que os produtos químicos utilizados pela BP como meio de decompor o petróleo, como os destilados de petróleo e o 2-butoxietanol, são prejudiciais à vida marinha. "Não surpreende que os solventes também sejam muito prejudiciais para os seres humanos". A comunidade médica sabe disso há muito tempo".

Cowan acha que os hidrocarbonetos policíclicos aromáticos (HAP) liberados do petróleo podem estar causando as anormalidades. "Os peixes foram expostos aos PAHs, e encontrei semelhanças com peixes anormais encontrados após o derramamento de óleo do Exxon Valdez em 1989. Há também semelhanças com experimentos de laboratório que fizemos", disse Cowan.

De acordo com pesquisas da Universidade do Sul da Flórida, em alguns lugares 2 a 5% dos peixes estão infectados, em outros lugares da região é de 20% e em alguns casos até 50% dos peixes apresentavam anormalidades.

Antes de 2010, também ocorreram anormalidades nos peixes, mas de acordo com Cowan, que perguntou com a Administração Nacional Oceânica e Atmosférica (NOAA), era cerca de um décimo de um por cento naquela época. "Pensamos que a exposição crônica a HAP pode explicar esta alta porcentagem de anormalidades", disse ele.

Testes em andamento
O gabinete do governador da Louisiana Bobby Jindal, em uma declaração, fez saber que a Louisiana testa continuamente a água para petróleo e produtos químicos e também procura por HAPs. "Os frutos do mar do Golfo são continuamente testados e os poluentes detectados permanecem bem abaixo do padrão estabelecido pela Food and Drug Administration (FDA, agência de segurança alimentar dos EUA, ed.) para consumo humano", diz a declaração.

A FDA não comentaria e se referia à NOAA, que não quer falar com a mídia por causa da ação judicial pendente contra a BP. A própria empresa petrolífera afirma em uma declaração que os frutos do mar do Golfo do México estão entre os "alimentos melhor

14

controlados do mundo" e que, de acordo com a FDA e a NOAA, são tão seguros quanto eram antes do derramamento de petróleo.

De acordo com a BP, as anomalias ocorrem com freqüência com os peixes. Antes do desastre da Deepwater Horizon, havia provas documentadas de anormalidades de pele causadas por parasitas, por exemplo, diz a empresa. Na declaração, a BP diz estar financiando vários estudos de organizações independentes sobre o impacto do derramamento de petróleo no meio ambiente. Estes incluem programas de testes de frutos do mar, monitoramento de estoque de peixes e estudos de qualidade da água.

Mais subsídios para combustíveis fósseis?

No ano passado, o apoio governamental aos combustíveis fósseis quase dobrou, mostram os números da OCDE e da Agência Internacional de Energia. As instituições chamam os subsídios de contraproducentes e apontam seu impacto sobre a mudança climática.

Os países não apenas parecem estar lutando para remover seus subsídios aos combustíveis fósseis, como prometido - algumas grandes economias aumentaram significativamente seu apoio ao carvão, petróleo e gás natural, os números mostram.

Em 2021, o apoio governamental total aos combustíveis fósseis nos 51 países pesquisados quase dobrou, de US$362,4 bilhões em 2020 para US$697,2 bilhões em 2021. A OCDE e a Agência Internacional de Energia (AIE) esperam que essa tendência continue este ano, devido ao aumento dos preços dos combustíveis e do consumo de energia.

Contraprodutivo
O Secretário Geral da OCDE, Mathias Cormann, reconhece que a guerra da Rússia contra a Ucrânia levou a aumentos acentuados dos preços da energia e ao enfraquecimento da segurança energética.

 Mas os aumentos nos subsídios aos combustíveis fósseis estão apenas conduzindo ao desperdício, sem sempre atingir as famílias de baixa renda", diz ele.

"Só precisamos tomar medidas que protejam os consumidores dos impactos extremos da mudança dos mercados e das forças geopolíticas de uma forma que nos leve à neutralidade de carbono, à segurança energética e à acessibilidade econômica".

O aumento dos subsídios é uma má notícia para a luta contra a mudança climática. O aumento dos investimentos em tecnologias e infra-estrutura de energia limpa é a única solução sustentável para a atual crise energética global e a melhor maneira de reduzir a exposição dos consumidores a altos custos de combustível", disse ele.

Temos de assumir a responsabilidade!

A enorme onda de calor que assolou o Paquistão e a Índia nos últimos meses mostra mais uma vez como a crise climática já é grave. O futuro parece ainda mais grave se não reduzirmos drasticamente as emissões de CO2. Mas quem deveria assumir a maior responsabilidade, pergunta o cientista ambientalista Aaron Van Poecke.

14 de maio de 2022, Jacobabad, Paquistão. O termômetro mostra uma temperatura de 51∘C. Mais de um bilhão de pessoas na Índia e no Paquistão terão sofrido uma onda de calor recordista por mais de dois meses até então, com temperaturas por semanas e às vezes bem acima de 40∘C. A Índia teve sua marcha mais quente desde o início dos registros, Delhi registrou sua nova temperatura mais alta de todos os tempos em 49∘C.

Além das dezenas a centenas de mortes, a colheita de trigo caiu de 10% a 35% e foi imposta uma proibição de exportação, a eletricidade falhou durante horas em várias regiões do Paquistão e da Índia e os reservatórios de água secaram. Uma onda de calor que nos deu apenas um vislumbre do que espera a região nas próximas décadas, diz o cientista climático Arpita Mondal do Instituto Indiano de Tecnologia em Mumbai. Qualquer coisa menos cor-de-rosa
Uma onda de calor deste calibre foi uma vez uma ocorrência rara. Independentemente disso, 2022 ainda

é provável que seja um dos anos mais frios que a região viverá nas próximas décadas.

De acordo com vários estudos, a probabilidade de tais ondas de calor hoje é 30 a 100 vezes maior do que antes da revolução industrial. A razão é a crescente concentração de CO2 e outros gases de efeito estufa em nossa atmosfera, causada principalmente pela queima de combustíveis fósseis. Como essa concentração continua a aumentar, a intensidade e freqüência de tais ondas de calor só continuarão a aumentar.

Além disso, certas regiões do sul da Ásia são especialmente vulneráveis por causa de seu clima úmido. A partir de uma certa combinação de alta temperatura e umidade, o corpo humano não é mais capaz de se resfriar e as conseqüências podem ser fatais em poucas horas. Cidades como Jacobabad aproximaram-se muito desse limite superior durante a onda de calor. Entretanto, o caminho a seguir para evitar tais cenários de desastre é conhecido há décadas: As emissões de CO2 devem ser drasticamente reduzidas.

Assumindo a responsabilidade
A questão-chave continua sendo como percorrer esse caminho, e especialmente quem está liderando o caminho. Ao responder a essa pergunta, o Norte Global está muito feliz em apontar para áreas densamente povoadas como a China e a Índia, regiões que sem dúvida terão que fazer sua parte. Entretanto, a média

chinesa emite menos da metade da média americana, a média indiana menos de 13%.

Além disso, Jason Hickel calculou que o Norte Global é historicamente responsável por 92% da crise climática, já que países como a América do Norte e a Alemanha emitiram sistematicamente durante décadas muito mais do que "tinham direito" a per capita. O Hemisfério Sul tem pouca responsabilidade histórica a esse respeito.

"Superpopulação"
"Há simplesmente demasiados de nós", olhando especialmente para o Sul da Ásia e África, é essa outra desculpa conveniente para não ter que tomar medidas decisivas de qualquer forma. Além
do fato de que o crescimento populacional vem declinando há anos e a população mundial está caminhando para a estagnação, essa afirmação não é apenas barata, é também errada.

A Sociedade 2000-Watts calculou que há 2000 watts de energia disponíveis anualmente por cidadão mundial, o que é suficiente para atender todas as necessidades sem perda da qualidade de vida atual (ocidental). A evolução para essa quantidade é necessária para alcançar uma sociedade global sustentável e eqüitativa. Em comparação, os EUA estão atualmente em 12.000 watts, Europa Ocidental 6.000, China 1.500, Índia 1.000 e África do Sul 500.

Os pesquisadores então calcularam para o Dia da Superação da Terra que 5,1 terras seriam necessárias se todos vivessem como o americano médio, para um europeu ocidental ela paira em torno de 3, a China cai em média 2,4 terras, a Índia em 0,8 e o Paquistão em apenas 0,5.

De acordo com o Instituto de Política Ambiental Européia, os 90% mais pobres da população mundial emitem pouco mais do que os 10% mais ricos, e este último grupo é capaz de içar o mundo acima de 1.5°C aquecendo por si só. E você adivinhou, esse grupo geralmente não vive nas áreas que estão sendo apontadas em relação à superpopulação.

Países como Índia e Paquistão não estão de forma alguma na raiz da crise climática, mas estão no canto onde os mais duramente atingidos (serão).

Além da combinação de ondas de calor e um clima úmido, a região é propensa a incêndios florestais e inundações, entre outras coisas, e praticamente ninguém está segurado contra as conseqüências de um clima tão extremo.

Finalmente, a revista científica The Lancet relata que 92% das mortes globais por poluição estão em países de baixa renda.

Cabeça na areia
O último relatório do Painel Intergovernamental sobre

Mudança Climática (IPCC) nos diz que a qualquer momento não tomamos medidas drásticas é uma oportunidade perdida. É hora de tirar nossas cabeças da areia e realizar o tratado de não proliferação de combustíveis fósseis, nomeado por mais de 2.500 cientistas: nenhuma expansão da produção de combustíveis fósseis, eliminação gradual dos existentes e uma transformação equitativa em direção à energia renovável.

Uma redução de 10% nas emissões de CO_2 por ano é um começo desafiador, mas necessário. Todos terão que fazer sua parte, mas os números acima, tanto do presente quanto do passado, deixam claro que um pode pesar um pouco mais do que o outro. É hora de olhar nossa responsabilidade histórica diretamente nos olhos e agir em conformidade.

Os pecados do grande petróleo

Rio da morte

A pesquisa da organização de paz holandesa PAX aponta para um desastre ambiental no nordeste da Síria. Grandes quantidades de petróleo estão vazando de grandes tanques de armazenamento no Gir Zero, contaminando seriamente as terras agrícolas e o abastecimento de água. Eles nos pedem para lavar as mãos e desinfetar as casas, mas nossas ruas são mais perigosas do que o vírus. O petróleo está nos deixando doentes'.

Em um dia ensolarado de março, o petróleo bruto jorrava para uma aldeia no nordeste da Síria. Um riacho de cor preta infiltrou-se lentamente nas estradas, através dos campos e até mesmo em casas. Quando os locais perceberam a escala do desastre, já era tarde demais para intervir. Para muitos residentes, o derramamento de petróleo dos grandes tanques de armazenamento na vizinha Gir Zero é um cenário de desastre reconhecível.

O vazamento em março foi o resultado da explosão de um velho oleoduto. As autoridades locais enviaram ajuda, mas não tinham recursos para limpar completamente a área.

A organização de paz holandesa PAX e seu parceiro local, PEL-Civil Waves, documentaram o impacto do derramamento de petróleo. Eles pesquisaram as

23

comunidades dependentes dos recursos hídricos contaminados.

Utilizaram técnicas de pesquisa visual e imagens de satélite, informações de código aberto e entrevistas com os residentes.

O petróleo faz as pessoas ficarem doentes
Em 2018, o petróleo manchou os campos agrícolas próximos. As enchentes permitiram que o gunk se espalhasse até um quilômetro das margens do rio Wadi Rumeila. As colheitas falharam devido à gosma negra. Na cidade de Tal Mashan vive o professor Ibrahim, de 35 anos. Ele é um dos residentes locais que o PAX entrevistou para a reportagem. De acordo com Ibrahim, a poluição sempre foi um problema na região. Mas, nos últimos dois anos, a situação só se deteriorou devido à má administração. Desde o início da guerra civil na Síria, o governo não tem intervindo para deter a poluição.

"Eu gostaria de começar minha própria família, mas não tenho futuro na aldeia", diz Ibrahim, "embora eu tenha minha própria casa aqui". Temo que meus filhos fiquem doentes por causa da poluição do petróleo. Tenho que procurar trabalho em outro lugar, porque não posso mais contar com os lucros da colheita. Sinto-me perturbado e avalio meu futuro de forma sombria".

A esposa de Ibrahim já sofreu vários abortos espontâneos. O casal também conhece outras mulheres com o mesmo problema. Elas suspeitam de uma ligação com o derramamento de óleo.

Os habitantes locais também chamam o Rio Wadi Rumeila de "Rio da Morte". "Como a maioria dos aldeões, eu vivo em constante medo. Se eu tivesse a chance de viver em outro lugar, não hesitaria em deixar este lugar imediatamente", diz Ibrahim.

Um dos moradores está pedindo ajuda ao governo, especialmente dada a atual crise da coroa. Eles pedem para lavar nossas mãos e desinfetar as casas, mas nossas ruas são mais perigosas do que o vírus. O petróleo está nos deixando doentes". Nossas crianças não podem sair e não podemos dormir por causa do cheiro do petróleo bruto", diz ele.

As galinhas estão pondo ovos pretos
Em 2017, várias refinarias de petróleo foram localizadas na região. Os habitantes locais protestaram contra elas e exigiram seu fechamento. Segundo eles, isso era perigoso para sua saúde e para o meio ambiente. Ainda há muitas nas aldeias vizinhas", diz Ibrahim sobre a situação atual.

O céu está coberto por uma faixa preta de até trinta quilômetros", relata Ibrahim. Estas plumas de fumaça não têm apenas um impacto negativo sobre a saúde das pessoas. A pecuária também sofre com a poluição. "A lã das ovelhas é negra e as galinhas põem ovos negros".

No relatório, a PAX escreve que muitas análises de conflitos e programas de reconstrução não priorizam a limpeza de regiões poluídas. Quando a degradação ambiental não é uma conseqüência direta do conflito, muitas vezes se vê isso". No entanto, em 2017, as Nações Unidas aprovaram em uma resolução que os rios e os recursos hídricos não devem ser poluídos com substâncias nocivas durante conflitos armados e/ou ações terroristas.

PAX e PEL-Ondas Civis, portanto, formulam recomendações no relatório para tratar da poluição por petróleo. As organizações também querem medidas contra os riscos sanitários para a população afetada.

Eles apelam para a comunidade internacional e as autoridades autônomas do nordeste da Síria para apoiar as comunidades locais. Por exemplo, pedem que seja dado treinamento sobre poluição da água e do solo para a população afetada. Eles também pedem investimentos em reparos de tanques de petróleo para garantir uma produção segura. Eles também recomendam um planejamento a longo prazo para lidar com o solo e os recursos hídricos contaminados.

O grande petróleo destrói nossos rios, lagos, mares e oceanos

Os crustáceos no Golfo do México crescem com gotas de óleo em seus corpos. Os coiotes comem aves cobertas de óleo. E os tubarões sufocam quando o óleo reveste suas guelras. Estes são apenas alguns exemplos de como o óleo da BP está envenenando a cadeia alimentar no Golfo do México, dizem especialistas e ambientalistas.

Gotas de petróleo foram encontradas sob a casca de caranguejo azul muito jovem entrando nos pântanos do Rio Mississippi, diz Harriet Perry, diretora de laboratório da Universidade do Sul da Costa do Golfo do Mississippi. Isso pode ter conseqüências dramáticas porque muitos peixes e aves se alimentam deste jovem caranguejo.

Jonathan Henderson ressalta que as aves manchadas de óleo são comidas por coiotes. Estas, por sua vez, são então consumidas por jacarés. Henderson trabalha para a Rede de Restauração do Golfo, uma organização dedicada à restauração dos recursos naturais da região do Golfo.
"Você sabe como os pelicanos estão morrendo por causa do petróleo", pergunta Dean Wilson, diretor da Atchafalaya Basinkeeper. "Eles abrem suas asas e pensam que vão secar ao sol, mas na verdade eles são cozidos ao sol. Milhares de pássaros morrem desta maneira por causa da ganância de uma empresa estrangeira". A organização de Wilson dedica-se a

preservar os ecossistemas da Bacia de Atchafalaya, na costa da Louisiana.
 Muito pouco

 Wilson está bravo porque diz que a BP está fazendo muito pouco para proteger os animais. Por exemplo, a empresa não faz nada para salvar as crias de aves manchadas de óleo, nem permite que outros ajudem nos esforços de resgate, diz ele. "Você tem que perceber que são necessários dois pais para criar crias nestas áreas. Se um dos pais entra no óleo, o outro pai não pode criar as crias sozinho, as crias morrem".

 Segundo Wilson, pelo menos tantos jovens morreram como pelicanos foram resgatados, e o número resgatado é "apenas a ponta do iceberg".

 Segundo o governo dos EUA, até 14 de julho, foram encontradas quase 3.000 aves ao longo da costa do Golfo, 1.800 delas mortas e as outras cobertas de petróleo, e mais de 500 tartarugas marinhas mortas e outros mamíferos.

 Wilson também está preocupado com os microorganismos que ingerem o óleo, especialmente em maiores profundidades no Golfo, onde a BP tem afundado o óleo através do uso de produtos químicos. "Grandes populações de baleias e tubarões-baleia migram exatamente para onde o óleo está. Já vimos que o tubarão não vai evitar o petróleo. Já vimos cardumes de centenas de tubarões-baleia migrando através do Golfo do México". Eles abrem sua boca para filtrar o plâncton, suas guelras ficam contaminadas com petróleo e sufocam".

Problemas de petróleo em Gibraltar
Gibraltar tem sido durante anos sinônimo de reabastecimento barato para o transporte marítimo internacional. Enquanto os navios nos portos espanhóis recebem seu combustível em terra, em Gibraltar eles podem economizar tempo usando bombas de combustível flutuantes. Gibraltar tem como objetivo fixar o próprio preço no mercado e, ao fazê-lo, também cobra impostos mais baixos sobre o combustível. Como resultado, a "Pedra" tornou-se um atrativo para os petroleiros nos últimos anos.

No entanto, este método - "bunkering" no jargão - também tem riscos. No final de 2010, uma das bombas móveis foi à deriva devido a uma tempestade. Com o tempo, milhares de galões de óleo foram impedidos de fluir para o mar. Gibraltar normalmente minimiza tais ocorrências; incidentes menores não são sequer relatados. Em junho de 2010, o governo regional da Andaluzia divulgou um relatório mostrando que Gibraltar permite navios que não atendem aos padrões internacionais de segurança.

Os grupos ambientais são tudo menos criados com o estado de coisas. Esta área abriga um grande número de golfinhos, baleias e aves marinhas", disse Janet Howitt do Grupo de Segurança Ambiental de Gibraltar.

Mas os riscos econômicos são muito altos para parar com o beliche". Pouco antes da crise bancária, o Banco Santander investiu em uma instalação de armazenamento de petróleo perto daqui, em San Roque. Alguns navios também ignoram as rotas de navegação para poupar tempo, passando pelo habitat de muitos animais".

O governo espanhol desempenha um papel duplo na história: por um lado, proíbe o abastecimento em territórios espanhóis; por outro, incentiva o emprego no setor petrolífero. Howitt: "Não esqueça que em uma área mais ampla, e eu incluo Marrocos nisso, há muito desemprego. Portanto, os portos próximos se beneficiam da continuação deste processo", disse Howitt.

O abastecimento de combustível tem aumentado exponencialmente desde 2002. Gibraltar então ganhou independência financeira da Grã-Bretanha e teve que encontrar uma maneira de financiar o autogoverno.

Bunkering tornou-se um sucesso, e o governo está agora estudando a possibilidade de iniciar o mesmo no lado oriental da península, onde atualmente não há nenhuma atividade portuária. Muito para o descontentamento de grupos ambientalistas e moradores de ambos os lados da baía.

Vazamentos de petróleo no Brasil

Em uma audiência, a Chevron admitiu que o vazamento de petróleo ao largo da costa brasileira ainda não foi obstruído.

De acordo com Luiz Alberto Pimenta Borges, gerente ambiental da Chevron no Brasil, menos petróleo está agora vazando para o mar. Mas ele teve que admitir que o poço não foi obstruído. Borges fez as declarações em uma audiência pública em Macae, Brasil.

O vazamento principal foi obstruído com cimento. Mas a empresa não sabe imediatamente como lidar com alguns dos vazamentos menores. Outros 2.400 barris de petróleo bruto vazaram para a superfície do Oceano Atlântico desde que o vazamento principal foi tapado, de acordo com a Chevron.

O chefe da agência ambiental brasileira Ibama revelou que a Chevron pode ser multada novamente. Em 21 de novembro de 2011, a empresa já havia sido multada em cerca de 21 milhões de euros. O promotor no Rio também quer que a empresa pague 62 milhões de euros de indenização.

Petróleo mata novamente peixes no maior lago da América do Sul
Peixes e caranguejos em massa morreram novamente no Lago de Maracaibo, o maior lago da América do Sul, devido à poluição por petróleo. Os pescadores estão apontando o dedo para a empresa petrolífera estatal venezuelana.

Centenas de pescadores venezuelanos que trabalham na parte sul do Lago Maracaibo não jogaram fora suas redes desde a semana passada. Peixes e caranguejos estão morrendo lá em massa, dizem eles.

Vazamentos em oleodutos

Segundo o governo venezuelano, o derramamento de petróleo foi causado por um ataque da guerrilha colombiana contra um oleoduto no início de março. Um dos rios que correm para o lago, o Catatumbo, passa pela metade do território colombiano.

Os pescadores dizem que a causa da poluição é muito menos remota. "Ela vem do próprio lago, dos tubos da PDVSA", diz o pescador Francisco Rivero. Petróleos de Venezuela (PDVSA) é a empresa petrolífera estatal da Venezuela.

"Nossos barcos e redes são danificados pelo petróleo, o peixe fica longe", diz o pescador Jesus Hernandez. "Paramos de pescar e estamos ajudando o pessoal da PDVSA a limpar o óleo. Mas pedimos que o governo reconheça os danos".

Extração de petróleo desde 1910

Os 12.800 quilômetros quadrados do Lago de Maracaibo, localizado no oeste da Venezuela, está conectado ao Mar do Caribe. Os derramamentos de petróleo são regularmente avistados lá. Em 2010, entre outros, houve um aumento significativo das manchas de petróleo.

O petróleo tem sido extraído intensivamente no lago desde os anos 1910. Segundo a PDVSA, o lago tem 6.000 poços ativos, produzindo 700.000 barris de 159 litros diariamente e conectados por 45.000 quilômetros de dutos.

Oito barris por dia

O Ministro de Energia e Petróleo Rafael Ramírez reconheceu em 2010 que os vazamentos são "um problema crônico", mas que são "pequenas quantidades", "não mais que oito barris por dia".

Não somente no Lago Maracaibo a PDVSA tem problemas com seus oleodutos. No outro lado do país, dezenas de milhares de barris de petróleo vazaram de um oleoduto da PDVSA durante dias em fevereiro. Entre outras coisas, o rio Guarapiche ficou poluído e meio milhão de pessoas na cidade de Maturín ficaram sem água potável. A PDVSA empregou dois mil trabalhadores para limpar o petróleo.

Problemas de óleo após o furacão

Na costa sul de Cuba, as pessoas estão limpando o petróleo que vazou de uma refinaria em outubro de 2012 durante a passagem do Furacão Sandy.

 O petróleo está na costa da baía em que está localizada a cidade de Santiago de Cuba, no sudeste do país. O óleo foi removido pela primeira vez mecanicamente. Um produto de degradação foi então aplicado.

 A primeira fase foi concluída com sucesso, disseram as autoridades. "Durante 18 dias em março e abril, usamos o bioproduto Bioil-FC em uma distância de 6,5 quilômetros na costa, na parte oeste da baía. Já se pode ver o ecossistema melhorando a olho nu", disse Renato Estévez, do Ministério da Ciência, Tecnologia e Meio Ambiente.

Refinaria de petróleo
O derramamento de petróleo ocorreu em outubro de 2012 quando o furacão Sandy passou sobre a ilha. Na refinaria de petróleo Hermanos Diaz, localizada logo após a baía, uma represa quebrou-se ao redor de uma lagoa de oxidação.

 O petróleo contaminou vários quilômetros de costa, especialmente na parte oeste da baía, especificamente a enseada de Cajuma, que é a mais próxima da refinaria, a ilhota de Cayo Granma e parte da cidade costeira de La Socapa, na entrada da baía.

 No final do mês, os resultados finais do produto de degradação devem ser visíveis, disse Estévez. A próxima fase abordará a parte leste da baía, onde a poluição é menos severa.

O Bioil-FC é um produto baseado em cinco bactérias marinhas que se alimentam de petróleo. Foi

desenvolvido pelo Centro Cubano de Bioprodutos
Marinhos e tem sido utilizado desde 1992.

Horizon em águas profundas vaza óleo novamente

Um novo derramamento de petróleo no Golfo do
México pode ser atribuído com certeza ao desastre do
Horizonte de Águas Profundas 2010. Mas ainda não está
claro se se trata de um novo vazamento.

A mancha de óleo, a cerca de 80 quilômetros da costa
da Louisiana, foi descoberta em imagens de satélite em
setembro, e agora tem cerca de 5 quilômetros de
comprimento. A Guarda Costeira dos Estados Unidos
coletou amostras, que foram analisadas em laboratório.

Isto mostra com certeza que a nova mancha de óleo
está relacionada com o derramamento de óleo. O óleo
na mancha tem a mesma composição que o derramado
no desastre do Deepwater Horizon há dois anos.

Ligação pouco clara

No entanto, ainda não está claro exatamente de onde
veio o petróleo. "A fonte exata do petróleo ainda não
está clara", disse a Guarda Costeira dos Estados Unidos
em uma declaração. "Possivelmente é óleo residual da
plataforma afundada ou dos destroços no fundo do
mar".

A BP, a empresa petrolífera que operava a plataforma
junto com a Transocean, também suspeita que o

petróleo veio de destroços, particularmente do longo tubo de perfuração que ligava a plataforma ao poço.

Óleo fresco

Mas nem todos estão tão certos. Ian MacDonald, professor de oceanografia da Universidade Estadual da Flórida, exorta à cautela. "Ainda não está claro qual é a fonte do petróleo", diz ele no jornal norte-americano The Washington Post. "É muito cedo para descartar que seja petróleo fresco do reservatório".

A Guarda Costeira ainda não está preocupada com a linha de costa, pois a probabilidade de a mancha chegar lá é pequena. Se o petróleo for realmente da linha de perfuração, poderá ser cerca de 1.800 barris, uma fração dos 4,9 milhões de barris liberados no meio ambiente durante o desastre. A BP e a Transocean têm até sexta-feira para apresentar um plano de limpeza.

Cientistas encontram milhões de galões de óleo BP "desaparecido".

Parte do petróleo bruto "desaparecido" que fluiu para o Golfo do México em 2010 após o desastre da plataforma Deepwater Horizon foi encontrado por cientistas no fundo do mar. Lá, o petróleo está formando uma bomba relógio.

Em 2010, ocorreu uma explosão na plataforma da empresa petrolífera BP, resultando em um fluxo de 750 milhões de galões de petróleo bruto para o Golfo do México nos meses seguintes. Não estava claro até recentemente para onde todo esse petróleo havia ido. Cerca de 23 a 38 milhões de galões foram agora descobertos no fundo do mar.

Uma equipe de cientistas da Florida State University rastreou o óleo utilizando isótopos radioativos. Eles mapearam a concentração de Carbono 14. A substância não é encontrada no óleo e, portanto, o fundo do mar contaminado com óleo se destaca imediatamente. Os cientistas publicaram suas descobertas na revista Environmental Science & Technology.

À primeira vista, parece uma boa notícia que o petróleo se apegou ao fundo do mar, dezenas de milhas offshore e sem perigo imediato para os estoques pesqueiros. Mas não é assim, diz Jeff Chanton, professor de oceanografia no estado da Flórida.

Isto pode causar problemas no Golfo durante anos", diz ele. Os peixes recebem a poluição através das minhocas que vivem nos sedimentos, que são comidos pelos peixes. Dessa forma, a poluição percorre toda a cadeia alimentar".

Além disso, o fundo do mar é frequentemente mais pobre em oxigênio do que a água do mar, portanto as bactérias têm menos chance de quebrar as partículas de óleo.

Os poços de petróleo e gás do Mar do Norte vazam metano continuamente

O vazamento de metano de furos é uma das principais causas de emissões deste gás nocivo ao efeito estufa no Mar do Norte. Assim dizem os pesquisadores alemães. Tanto poços ativos quanto poços de petróleo e gás que não estão mais em uso vazam continuamente pequenas quantidades de metano.

 Os cientistas do Helmholtz-Zentrum für Ozeanforschung Kiel (Geomar) e da Universidade de Basileia argumentam que este pode ser um problema maior do que se acreditava anteriormente. Este tipo de derramamento é ignorado tanto pelas empresas petrolíferas quanto pelas agências reguladoras, ao contrário das liberações através de poços danificados. Estes são geralmente reconhecidos e reparados rapidamente".

 Um exemplo de emissões de poços danificados é o acidente com a sonda Deepwater Horizon no Golfo do México, em 2001.

Micróbios

Os pesquisadores encontraram vazamentos de metano em poços abandonados durante expedições no Mar do Norte. O gás veio de bolhas de gás localizadas a cerca de 1.000 metros abaixo do fundo do mar. Na perfuração de gás ou petróleo a maiores profundidades, estas bolhas foram perfuradas. Normalmente, estas bolhas de gás não representam um risco para a operação de perfuração em si. Mas aparentemente elas perturbam o sedimento ao redor do poço, permitindo que o gás

escape para a superfície do mar", diz Matthias Haeckel,
da Geomar.

Dados sísmicos mostram que cerca de um terço dos
poços no Mar do Norte danificaram bolhas de metano
que podem estar vazando metano. Como existem mais
de 11.000 poços perfurados no Mar do Norte, isto
significa que uma quantidade significativa de metano
pode estar escapando", disse Lisa Vielstädte, principal
autora do estudo.

Os pesquisadores estimam que isto totaliza 3.000 a
17.000 toneladas de metano por ano. No oceano, o
metano é em sua maioria decomposto por micróbios,
levando a uma acidificação localizada da água do mar.
No Mar do Norte, metade dos poços são perfurados em
locais onde a água é tão rasa que o metano do fundo do
mar pode alcançar a atmosfera.

A limpeza do óleo envenenou o Golfo 52 vezes mais
O produto utilizado durante o derramamento de óleo
Deep Water Horizon no Golfo do México piorou as
coisas. De acordo com novas pesquisas, os produtos
químicos que quebram o petróleo estão ameaçando o
ecossistema.

Os 4,9 milhões de barris de petróleo lançados no Golfo
do México em 2010 pelo desastre do Deep Water
Horizon desencadearam um desastre ecológico. Os
milhões de litros do agente usado para limpar a

bagunça parecem ter piorado tudo.

Pesquisas do Instituto de Tecnologia da Geórgia e da Universidade de Aguascalientes no México mostraram que a mistura de petróleo e o dispersante utilizado aumentou a toxicidade da água do mar em até 52 vezes.

Suas descobertas são publicadas no próximo número da revista Environmental Pollution.

O petróleo se dispersa naturalmente?
Em testes de toxicidade em laboratório, o óleo derramado da Deep Water Horizon foi misturado com o Corexit, o agente dissolvente de óleo usado após o desastre do Golfo. O agente faz com que o óleo se decomponha em partículas menores para que a natureza possa quebrá-lo mais rapidamente.

Entretanto, os testes dos pesquisadores mostraram que esta mistura era 52 vezes mais tóxica do que o óleo sozinho. Suas descobertas foram que o cogfish, pequenos organismos multicelulares freqüentemente usados em testes para avaliar a toxicidade da água do mar, morreu em massa. As chances de seus ovos ainda chocarem foram reduzidas à metade. Esta última é especialmente ruim porque os jovens cogfish estão no cardápio de camarões, caranguejos e peixes jovens durante a primavera.

Os pesquisadores esperam que os resultados de seu estudo incentivem outros cientistas a investigar o uso de óleo e dispersantes nas cadeias alimentares marinhas e conseguir um melhor gerenciamento dos derramamentos de óleo.

"Ainda temos que determinar se o benefício de quebrar o óleo mais rapidamente supera o aumento da toxicidade". Talvez devêssemos deixar o óleo se dispersar naturalmente", disse o co-autor Terry Snell. "Levará mais tempo, mas será muito menos tóxico para os ecossistemas marinhos".

Perfuração de petróleo e gás que se descobriu ser a causa do derretimento do Ártico

A imensa complexidade do problema climático vem à tona novamente através de um novo estudo. Nele, os pesquisadores estudaram a distribuição de partículas de fuligem pretas e absorventes de calor na atmosfera. Há muito se supunha que estas vinham de áreas residenciais. A combustão incompleta dos fogões e fogões no noroeste da Europa, Ásia e América do Norte era a maior fonte de fuligem na região polar. (Química e Física Atmosférica)

Pela primeira vez, os pesquisadores conseguiram desenvolver um modelo que pudesse simular corretamente o comportamento dessas partículas de fuligem. Isto foi feito combinando dados em torno da extração de petróleo e gás com medições renovadas e mais detalhadas das emissões residenciais.

A queima do excesso de gás liberado pela perfuração de petróleo foi considerada responsável por cerca da metade das partículas de fuligem na atmosfera. O gás é freqüentemente queimado (queima) porque é menos lucrativo para o transporte. A combustão incompleta deste gás causa muita fuligem. As medidas intensivas entre 2005 e 2011 tiveram uma redução constante na queima. Entretanto, desde o surgimento do fracionamento em Alberta, esta tendência se inverteu (Resilience.org 03/09 Gas Flaring, The Burning Issue)

Como a fuligem é preta, ela absorve muito calor e assim amplifica o aquecimento da atmosfera. A atmosfera contém, em média, até 3% de fuligem. Cerca de 40% disso agora parece vir da queima de fuligem. O restante é produzido por transporte, incêndios, fogões e fogos de cozinha. Liderando o caminho com a maioria das emissões de fuligem está a Rússia, onde até 10 vezes mais deste "carbono preto" está flutuando ao redor.

Juntamente com a fragilidade norte-americana e as condições meteorológicas específicas do norte de nosso planeta, a maior parte desta fuligem acaba contornando o Pólo Norte. O calor extra que absorve ali é agora visto como a principal causa do derretimento do gelo ártico muito mais rápido do que o previsto. Se isso é considerado um desastre na Rússia é outra questão (De Morgen 15/09, a Rússia envia navios de guerra para o

Ártico).

E estes são apenas alguns exemplos, com mais de 280 desastres somente com petroleiros.

Grandes economias em ruínas petrolíferas

Se quisermos nos ajudar e à África, precisamos investir em países pobres que possuem campos de petróleo. Esse raciocínio segue os Estados Unidos e, por extensão, o G8. Entretanto, um novo relatório documenta como o investimento no setor petrolífero está impulsionando o aumento da dívida externa desses países.

Os países em desenvolvimento que duplicam sua produção de petróleo devem então pagar uma média de um terço a mais de dívidas. Eles aumentam sua dívida externa em uma média de 43% do produto interno bruto. Esses números estão em um novo relatório do Oil Change International, do Institute for Public Policy Research e da Jubilee USA Network.

Com a extração de petróleo, os governos dos países pobres podem teoricamente aumentar suas receitas, mas na prática acontece exatamente o oposto. Isto se deve a uma combinação de fatores: em antecipação às receitas de exportação, os países exportadores de petróleo aumentam drasticamente seus gastos. O aumento das receitas do petróleo melhora a classificação dos países em desenvolvimento, permitindo-lhes pedir dinheiro emprestado de forma mais barata. O relatório também encontrou evidências empíricas de aumento da dívida devido a políticas fiscais insensatas e flutuações de preços no mercado petrolífero.

44

Venezuela, Indonésia, Congo, México e Equador são citados como exemplos de países exportadores de petróleo com uma dívida externa que dispara.

O estudo é particularmente relevante porque as nações industriais mais ricas estão considerando investir pesadamente no petróleo africano no futuro. Os Estados Unidos estão elaborando um plano abrangente para tornar-se menos dependentes do petróleo dos países do Oriente Médio e da OPEP. Para isso, o governo dos EUA está instando o Banco Mundial a aumentar a produção de petróleo na África, Ásia Central e América Latina.

Os outros países do G8 também querem impulsionar os investimentos no petróleo africano. Os ministros das finanças do G8 pediram em 11 de junho durante os preparativos para a cúpula da próxima semana em Gleneagles para remover todos os obstáculos ao investimento na África. Pelo menos 60% dos investimentos na África são em petróleo e minerais.

A estratégia energética do G8 está em desacordo com o objetivo de desenvolver a África, conclui Steve Kretzmann da Oil Change International, um dos autores do relatório.

A África Ocidental em particular está agora sendo promovida pelos EUA como uma área de investimento prioritário. A Nigéria tem planos de aumentar sua produção de petróleo em 160 por cento. O estudo adverte que a dívida externa de Abuja pode aumentar em 21 bilhões de dólares até 2010. Atualmente, a Nigéria, o maior produtor de petróleo da África, tem uma dívida de 30,5 bilhões de dólares. O Banco Mundial estima que 80% das receitas do petróleo fluem para 1% da população da Nigéria.

Se o G8 quer realmente enfrentar a mudança climática, a dívida e a pobreza, diz o relatório, eles precisam olhar para o fio condutor comum de todas essas histórias: o petróleo.

Petróleo e sangue no Cazaquistão

O oeste do Cazaquistão, rico em petróleo, está rasgado entre os protestos e a repressão. Quando trabalhadores em greve incendiaram os escritórios de uma empresa petrolífera e a árvore de Natal na praça da cidade também sofreu, a polícia abriu fogo sobre os manifestantes.

Depois da China e da Rússia, o Cazaquistão é o maior país da Ásia e, com seus 16 milhões de habitantes, um dos menos povoados do mundo. Graças à sua riqueza de matérias-primas, o país tem sido capaz de apresentar números sólidos de crescimento desde sua independência, há 20 anos. Com a crise e a queda dos preços do petróleo, isso mudou. Quando os protestos eclodiram, foi principalmente em resposta à deterioração das condições de trabalho.

A aristocracia entre os trabalhadores".
Bruno De Cordier, associado do Grupo de Pesquisa de
Conflitos da Universidade de Ghent, viveu no
Cazaquistão durante vários anos e escreveu um livro
sobre o país. Entre os trabalhadores cazaques, os que
trabalham no setor petrolífero são praticamente a
aristocracia. O petróleo tem sido o motor da história de
sucesso econômico do Cazaquistão desde os anos 90.
Os trabalhadores do petróleo se beneficiaram desse
boom com o aumento acentuado dos salários no setor,
mas quando a crise global atingiu, eles também foram
os mais duramente atingidos".

Os protestos no Cazaquistão ocidental não são novos,
embora mal tenham recebido a atenção da mídia
internacional. Em maio, começaram as greves em duas
cidades petrolíferas ocidentais, Aqtau e Zjangi Özen".

Quando os trabalhadores municipais daquelas cidades
começaram os preparativos para a celebração dos 20
anos de independência, os protestos aumentaram e
vários prédios e a árvore de Natal municipal foram
incendiados.

A polícia interveio violentamente, matando pelo menos
10 pessoas. Outras fontes disseram que houve mais de
100 vítimas.

Greves ilegais
Tanja Niemeier foi ao Cazaquistão neste verão com uma
delegação do Parlamento Europeu do GUE/NGL para

obter uma visão da situação. "Naquela época, os trabalhadores protestavam contra demissões que haviam caído e exigiam melhores condições salariais".

"Não só os líderes empresariais se recusaram a negociar, mesmo do aparato estatal a greve foi condenada e não houve aproximação ou consulta. Como resultado, o protesto também se tornou político, e muitos se juntaram a ele. Em seu auge, cerca de dezesseis mil pessoas participaram".

"Os sindicatos oficiais são uma relíquia da era comunista e têm laços estreitos com os que estão no poder. Estes não apoiam o protesto, e os trabalhadores não têm permissão de montar sua própria defesa. Portanto, oficialmente, as greves são ilegais. O advogado contratado pelos trabalhadores do petróleo foi preso e condenado a seis anos de prisão "por agitar o conflito social". O tráfego de Internet e celulares na região foi fechado, a imprensa está nas mãos do Estado e os jornalistas que fazem reportagens sobre o assunto são atacados.

Cenário tunisino?
O Cazaquistão é governado pelo Presidente Nazarbayev que, com a ajuda de suas filhas, genro e sua comitiva de oligarcas e industriais, mantém há 20 anos um rígido controle sobre o país.

Não se trata de um protesto geral, os manifestantes estão a nada menos que três mil quilômetros da capital

Astana e do centro econômico Almaty. Ainda assim, a importância não deve ser subestimada, diz Bruno De Cordier.

Geograficamente, as greves são isoladas, ocorrendo em uma área remota. Mas seu efeito psicológico não deve ser subestimado.

Tal agitação não é vista desde o fim da União Soviética e é uma bofetada diante da história do Cazaquistão como um sucesso econômico. Eles mostram que por trás das altas taxas de crescimento existe outro Cazaquistão".

A "indústria petrolífera venezuelana está em uma espiral mortal

A corrupção na indústria petrolífera estatal da Venezuela, colocando ex-ministros e altos gerentes atrás das grades, é a mais recente evidência de que a indústria está em colapso. Esta é uma má notícia para a economia venezuelana, que depende muito do setor petrolífero.

Segundo o economista Luis Oliveros, a produção de petróleo bruto tem caído em milhões de barris por dia. Em dezembro, a produção era de 2.894.000 barris por dia, contra 1.837.000 em novembro de 2017. Ele baseou seu número em números da Organização dos Países Exportadores de Petróleo (OPEP).

Em 2018, a produção poderá cair mais 250.000 barris por dia se a tendência atual continuar. A Venezuela, cofundador da OPEP em 1960 e o maior exportador de petróleo bruto do mundo na época, terá então se tornado quase irrelevante como ator no mercado petrolífero, diz Oliveros.

Purga

A Venezuela possui o maior reservatório de petróleo conhecido, o cinturão do Orinoco com uma área de 55.000 quilômetros quadrados e uma estimativa de 1.400 bilhões de barris de petróleo bruto.

O petróleo é praticamente o único produto de exportação do país, respondendo por 95% de suas receitas em divisas. Em meados desta década, o petróleo representava mais de 20 por cento do produto interno bruto (PIB). A maior parte é propriedade da empresa petrolífera estatal Petroleos de Venezuela (PDVSA), que tem algumas parcerias com empresas transnacionais.

O presidente Nicolás Maduro iniciou uma purga no final de novembro dentro da PDVSA, que havia sido acusado de corrupção. Espera-se que a nova administração, liderada por um novato geral da indústria, aumente a produção em um milhão de barris por dia.

O objetivo imediato é cumprir a cota da OPEP para 2017-2017, fixada em 1.970.000 barris por dia, disse o conselheiro presidencial Alí Rodríguez.

Inflação em torre

Para manter a produção diária atual - e muito menos
aumentá-la - é necessário injetar entre US$ 4 bilhões e
US$ 5 bilhões no setor", disse Alberto Cisneros, CEO da
Global Business Consultants. "A evidência é que esse
dinheiro não está lá".

Com uma economia que funciona dramaticamente,
uma inflação que dispara, diferentes sistemas cambiais
para uma moeda que desvaloriza diariamente, escassez
de alimentos e remédios e uma dívida externa de mais
de 100 bilhões de dólares, a Venezuela não tem o
dinheiro que a indústria precisa, diz ele.

Além disso, o setor petrolífero está sofrendo de
problemas de gestão, pois a PDVSA demitiu cerca de
18.000 trabalhadores em 2003, após uma greve anti-
governamental. Isso foi cerca da metade da força de
trabalho da empresa, diz o ex-Víctor Poleo (1999-2002),
ex-vice-Ministro de Energia.

A corrupção dentro da PDVSA assumiu um rosto
dramático este mês quando 67 dos diretores e gerentes
da empresa foram enviados para a prisão por crimes
que vão desde falsificar números de produção até
desviar e minar a soberania do país.

Estas 67 pessoas incluem dois ex-ministros do petróleo
do Presidente Nicolás Maduro, que está no poder desde
2013. Eles são Eulogio del Pino e Nelson Martínez.
Ambos também foram presidentes da PDVSA e de sua

subsidiária norte-americana Citgo. Eles supostamente prejudicaram a empresa na renegociação de dívidas.

Os promotores também estão investigando Rafael Ramírez, ex-ministro do petróleo e presidente da PDVSA, entre 2002 e 2014. Até novembro, ele foi o embaixador venezuelano nas Nações Unidas. Ramírez é acusado de lavagem de dinheiro através da Banca Privada d'Andorra.

Nacionalização

De acordo com o jornal espanhol El País, que diz estar em posse de relatórios nos quais o juiz Andorrano Canòlic Mingorance está trabalhando, pessoas próximas a Ramírez afirmam que ele recebeu pelo menos 2 bilhões de euros em comissões ilegais entre 1999 e 2013.

A PDVSA, uma empresa que surgiu da nacionalização da indústria em 1975 e durante anos alegou estar entre as cinco maiores empresas petrolíferas do mundo, está atualmente escondida sob uma nuvem negra de alegações de corrupção, incompetência e gestão fraudulenta.

A produção está caindo devido à falta de investimento e manutenção, começando com o envelhecimento das instalações do Lago de Maracaibo, que não produzem mais do que 450.000 barris de petróleo por dia", disse Cisneros. Mais de 13.000 poços de petróleo foram perfurados aqui desde 1914, e até o século XXI, a produção na bacia excedeu um milhão de barris por dia.

Os campos de petróleo relativamente novos a leste respondem pelo resto da produção, mas o número de 1,3 milhões de barris por dia supostamente extraídos do cinturão Orinoco, de acordo com del Pino, está sujeito a exame judicial.

E.U.A. e China

O especialista venezuelano Francisco Monaldi, filiado à Rice University no Texas, EUA, afirma que as exportações já caíram para menos de 1,4 milhões de barris por dia. Em novembro, menos de 500.000 barris por dia foram exportados para os EUA.

Durante quase um século, os Estados Unidos foram o maior importador de petróleo venezuelano, com 1,5 milhões de barris por dia. Estas exportações ainda são a principal fonte de renda da Venezuela, juntamente com as exportações para a China, que excedem 600.000 barris por conta.

As refinarias venezuelanas não estão indo muito melhor, de acordo com a Cisneros. Elas têm uma capacidade de 1,3 milhões de barris por dia. "Durante alguns anos, elas estavam funcionando a 90 a 95% de sua capacidade, mas agora é apenas um terço, 30 a 35%. É até mesmo insuficiente para atender nossas necessidades de combustível", diz ele. O combustível é parcialmente importado.

Há também problemas de distribuição nos 1.650 postos
de gasolina do país de 31 milhões de pessoas e 4
milhões de veículos.

Baixo preço do combustível
Um dos problemas é o preço absurdamente baixo do
combustível, o mais baixo do mundo. Um litro de
gasolina custa 1 bolívar, comparável a 10 centavos de
dólar americano, de acordo com a taxa de câmbio
oficial. No mercado negro, no entanto, $1 pode
comprar 100.000 litros. A PDVSA perde de US$ 12 a US$
15 bilhões por ano na venda de meio milhão de barris
de combustível por dia a este preço baixo.

Há também um problema com o contrabando para a
Colômbia, o Brasil e o Caribe. A Venezuela está
tentando frear isso com controles e racionamento,
causando escassez e longas filas em postos de gasolina
na região fronteiriça.

A PDVSA pagou juros vencidos sobre os títulos este ano.
Entretanto, a subsidiária americana da Sinopec da China
- um parceiro que emprestou mais de US$ 50 bilhões a
Caracas - levou a companhia petrolífera estatal
venezuelana a um tribunal americano com mais de US$
21,5 milhões em contas pendentes.

Sanções dos EUA
As sanções dos Estados Unidos contra a Venezuela
estão dificultando a renegociação das dívidas do país e

da PDVSA. As sanções e dívidas não resolvidas tornam difícil para os parceiros investir em joint ventures. A indústria petrolífera venezuelana está em uma espiral mortal", diz Monaldi.

Cisneros pensa que a recuperação da indústria é possível, com um modelo organizacional totalmente diferente, como na Argentina. "Que tem uma empresa de fachada, a Enarsa, e uma empresa executiva YPF, que é 51 por cento de propriedade do Estado, e que tem 49 por cento de destaque no mercado de ações".

Para conseguir isso, diz ele, há duas possibilidades. Uma é que o regime atual responda adequadamente à economia e ao setor petrolífero, outra é que haja uma mudança política de poder para que o país possa novamente se beneficiar de seu capital humano, econômico e petrolífero", diz ele.

O petróleo ameaça desestabilizar ainda mais o Congo
O petróleo torna pobre. Novas reservas de petróleo poderiam libertar o Congo de sua posição como país em desenvolvimento, mas, por outro lado, alimentar ainda mais a agitação interna e os conflitos fronteiriços existentes. Um presente envenenado, especialmente nas províncias orientais mais empobrecidas, onde as tensões voltaram a se exacerbar desde o início deste ano. Sem um Estado forte e sem ajuda internacional, o Congo é uma ave para o gato".

O petróleo tem aparecido no radar congolês desde os anos 60. Desde 2000, o interesse internacional pelo petróleo congolês ganhou impulso. Embora a produção ainda esteja muito atrás dos países africanos da OPEP, as exportações de petróleo catapultaram o Congo para o topo dos estados subsaarianos de mais rápido crescimento. Novas descobertas de petróleo são uma coisa boa para a economia do Congo, mas a busca abre a caixa de Pandora em uma região que historicamente parece ter uma patente sobre conflitos relacionados a recursos.

"Não o carvão, mas o petróleo é a maior ameaça às florestas congolesas".
Um próximo relatório da ONU argumenta que a produção local de carvão vegetal tem um impacto muito menor sobre o desmatamento na bacia do Congo do que se pensava anteriormente. Os projetos petrolíferos são uma ameaça muito maior, diz a autora Aurelie Shapiro. Ela fala de uma "bomba gigante de carbono".

Os pequenos agricultores e produtores de carvão vegetal, em particular, são considerados responsáveis pelo desmatamento em andamento na Bacia do Congo. Mas os planos de perfuração de petróleo e gás representam uma ameaça muito maior ao clima, diz Aurelie Shapiro, principal autora de um relatório da Organização das Nações Unidas para Agricultura e Alimentação (FAO), que deverá ser publicado até o final deste ano.

No mês passado, a República Democrática do Congo lançou um leilão para 27 concessões de petróleo e três concessões de gás. Várias dessas concessões se sobrepõem ao complexo de turfa tropical, um dos maiores navios de armazenamento de CO2 do mundo. Shapiro fala de "uma gigantesca bomba de carbono".

Empresas petrolíferas como Total, Eni, Exxon Mobil, BP, Equinor e Shell já descartaram formalmente a licitação. Mas grupos ambientalistas temem que empresas menores com menos controle e regras mais frouxas possam apenas aumentar o risco.

Meio bilhão para a proteção ambiental
Os planos também levantam questões sobre financiamento climático na região, de acordo com Shapiro. A Iniciativa Florestal da África Central (Cafi) dá a seis países da Bacia do Congo dinheiro para proteger a floresta, cumprir as metas de desenvolvimento da ONU e reduzir a pobreza.

Em seu site, Cafi afirma que "a perda florestal é devida à pobreza, a uma necessidade local de produtos agrícolas e florestais (agricultura de pequena escala de queimada e carvão vegetal), exacerbada pelo forte crescimento populacional.

O acordo entre Cafi e a RDC - no valor de meio bilhão de dólares - proíbe a perfuração de petróleo somente se for "incompatível com as metas de conservação em áreas protegidas". Ele não identifica o valor de carbono das turfeiras como motivo para impedir o desenvolvimento.

Suposições

O carvão vegetal tradicionalmente domina a história do desmatamento na RDC porque seu uso é onipresente no país. Apenas 17% dos congoleses têm acesso à eletricidade, de acordo com o Banco Mundial - e apenas 9%, de acordo com o governo. Cidades em rápido crescimento como Kinshasa estão explodindo a demanda por carvão vegetal.

No entanto, é pouco provável que o carvão vegetal seja a principal causa da perda da floresta, diz Shapiro. O novo estudo da FAO encomendado por Cafi analisa detalhadamente as causas do desmatamento e da degradação da floresta na Bacia do Congo entre 2016 e 2020.

Conflito de fronteiras

Em seu último relatório da África, o grupo de reflexão independente International Crisis Group adverte sobre uma maior desestabilização da região, junto à degradação ambiental o maior perigo da extração não regulada de petróleo. De acordo com o especialista africano Kris Berwouts, ex-diretor da Rede Européia para a África Central (EurAc), os recursos congoleses há muito tempo têm sido de importância estratégica. Primeiro foram os minerais, depois a silvicultura, logo a água. Com petróleo e gás, o país está se colocando novamente no mapa". Os Estados Unidos, mais uma vez, consideram o Congo uma prioridade".

A maior parte dos novos reservatórios de petróleo, divididos entre as províncias do Baixo Congo e do leste do Congo, se encontram ao longo das disputadas fronteiras com a vizinha Uganda e Angola. Fronteiras que têm causado tensões na região por mais de cem anos. Berwouts: "A batalha pelo petróleo vai longe. Durante as eleições congolesas de 2011, ficou muito claro que Angola queria provocar uma mudança de regime em Kinshasa. Isso não aconteceu. Mas como o Congo suspendeu temporariamente suas reivindicações a territórios offshore, Angola continua a apoiar o regime.

A recente escalada do zelo petrolífero congolês pode mudar isso novamente. De acordo com o Grupo de Crise, o Congo deve tomar providências claras na fronteira antes de extrair novo petróleo. Sem acordos precisos, o petróleo será sempre um fator de desestabilização", afirmou Berwouts.

Os pesquisadores analisaram imagens de satélite de mais de 12.000 parcelas na região. Os resultados serão publicados no outono, mas devem primeiro passar por uma revisão por pares.

Entre outras coisas, o estudo mostra que o desmatamento durante o período foi muito maior do que antes de 2015, mas não aumentou a cada ano.

"Todos dizem que o desmatamento está explodindo, mas nós não vemos isso", disse Shapiro.

O estudo argumenta que a agricultura em pequena escala continua sendo a principal causa do desmatamento na região. Ele identifica uma degradação florestal significativa, grande parte da qual é provavelmente causada pela produção de carvão vegetal.

Mas os dados são fragmentados. Embora as imagens de satélite tenham melhorado na identificação de pequenos desmatamentos florestais, elas não podem determinar por que as árvores estão sendo derrubadas.

Um estudo de 2018 em Science Advances estima que a produção de carvão vegetal não conduz a mais de 10% da perda florestal da RDC.

Mordiscando na borda

Segundo Shapiro, as comunidades pobres não têm motosserras ou maquinaria pesada, mas "as pessoas mordiscam na borda da floresta". As maiores árvores, que armazenam mais CO_2, são deixadas de pé.

Além disso, esse impacto sobre a floresta é muito menor do que as atividades industriais como a mineração e a agricultura em larga escala, diz ela. A perfuração de petróleo, que ainda não começou na região, não foi examinada no estudo da FAO.

As chamadas técnicas de corte e queima são utilizadas pelas comunidades locais para derrubar árvores perto dos vilarejos. As culturas são cultivadas por três a cinco anos, após os quais a terra é deixada em pousio e a vegetação selvagem pode retornar. Por sua vez, as árvores mais jovens podem ser cortadas para produzir carvão vegetal.

"A questão é que temos que parar de culpar as pessoas que não têm alternativa", diz Shapiro.

Crescimento econômico
O governo congolês argumenta que o país precisa da exploração de petróleo e gás para estimular o crescimento econômico e tirar as pessoas da pobreza.

As organizações da sociedade civil saúdam o debate renovado sobre o desmatamento na região. As comunidades rurais são um alvo fácil de culpar", diz Alphonse Valivambene, chefe de uma OSC no leste da RDC. Ele apela para uma abordagem mais holística da política que leve em conta a pobreza em que as pessoas vivem.

A ONG Rainforest Foundation há muito tempo adverte que os modelos de financiamento e de proteção florestal na Bacia do Congo se baseiam em "suposições simplistas".
A ênfase desproporcional na agricultura em pequena escala, feita principalmente em uma rotação em torno de vilarejos, leva a que as ameaças industriais

permaneçam sob o radar", disse Joe Eisen, diretor executivo da Rainforest Foundation UK.

Por sua vez, Cafi não quer comentar até que o estudo da FAO seja formalmente publicado.

Bomba-relógio de tempo
A busca de petróleo também está alimentando agitação interna, especialmente no leste, onde o conflito profundamente enraizado entre grupos étnicos tem se intensificado desde o início deste ano. Os confrontos entre rebeldes armados, milícias ruandesas e o exército congolês por causa de recursos ilegais também são frequentes.

Desde o último fim de semana os rebeldes no Kivu Norte invadiram três vilarejos na fronteira com Uganda, a situação tem sido ainda mais crítica.

Novos poços de petróleo poderiam estimular os sentimentos separatistas das províncias em relação ao governo central", adverte o Grupo de Crise. Uma indústria petrolífera em expansão no Leste poderia desafiar o papel politicamente dominante da rica província mineira de Katanga.

A descentralização simplesmente não está começando no Congo. No debate em torno da solidariedade e do equilíbrio de poder entre províncias pobres e ricas, a distribuição das receitas do petróleo desempenhará um papel crucial", diz Berwouts.

Maldição ou benção?
Para transformar a maldição do petróleo em uma
bênção, Kinshasa, com a ajuda da União Africana e do
Banco Mundial, deve regular suas disputas de fronteira,
regular o setor petrolífero e introduzir uma proibição
temporária de exploração em áreas de alto risco. Se não
o fizer, a batalha pelo petróleo perturbará toda a região
e o Congo será um pássaro para o gato", argumenta o
Crisis Group.

Berwouts não vê saída sem ajuda externa. A nível
regional, a Conferência Internacional para a Região dos
Grandes Lagos (CIRGL), mais do que a União Africana,
pode desempenhar um papel importante. A CIRGL é
uma colaboração entre 11 membros: Angola, Burundi,
República Centro-Africana, Quênia, República
Democrática do Congo, República do Congo, Uganda,
Ruanda, Tanzânia, Zâmbia e Sudão. Com o tempo, isto
poderia se tornar uma boa ferramenta para os 11
resolverem seus problemas transfronteiriços com
consultas em vez de violência. Entretanto, a
comunidade internacional deve ajudar a aumentar a
visibilidade dessa organização e ajudar a reconstruir o
Estado congolês.

Berwouts: "O Congo está sob forte pressão.
Especialmente com o vórtice do último fim de semana
no leste, é impensável que o Congo sobreviva ao seu
problema petrolífero sem ajuda. O problema do
petróleo, como todas as outras formas de exploração

de recursos, é um sintoma de um aparelho de estado podre. A palavra "cleptocracia" foi uma vez inventada para este país por uma razão. Se a água logo se torna o bem mais alto em uma região que geme sob a seca crônica, não será diferente. Enquanto não houver um estado congolês responsável, os congoleses nunca se beneficiarão de seus recursos".

Os índios peruanos da Amazônia estão fartos do petróleo

Os índios da floresta amazônica peruana estão considerando processar o estado peruano e as empresas petrolíferas estrangeiras. Eles estão exigindo o fim de anos de poluição nas áreas em que vivem. Um processo judicial seria uma novidade para o Peru.

Arankartuktaram! (respeitem-nos), é o lema dos índios Achuar. O povo indígena vive no coração das florestas tropicais peruanas e equatorianas. Os Achuares da bacia do rio Corrientes, um afluente da Amazônia, sofrem há 30 anos a poluição causada pela extração de petróleo em sua área. A American Occidental Petroleum Corporation (Oxy) iniciou a perfuração de petróleo na região na década de 1970. Mais tarde, a Petroperu do Peru também começou a extrair petróleo lá, e em 1996 a Pluspetrol Norte, a subsidiária peruana da empresa petrolífera argentina Pluspetrol, juntou-se a eles.

"Nossos direitos estão sendo sistematicamente violados", reclama Robert Guimarães, vice-presidente da Aidesep, uma organização guarda-chuva de índios da

Amazônia peruana. "O governo não pune as empresas que poluem nossos rios e terras". Queremos tomar medidas contra isso". A organização anunciará em breve as ações legais que está tomando. Enquanto isso, também teve o assunto colocado na agenda do parlamento peruano.

Dos 8.000 índios Achuar que vivem no Peru, 3.000 a 4.000 estão sofrendo diretamente com a extração de petróleo, diz Racimos de Ungurahui, uma organização não governamental que defende os Achuars. Os problemas surgiram novamente na semana passada em uma reunião de líderes indígenas no Peru.

Não há falta de material incriminatório, os juízes da Aidesep. Em maio, o Ministério da Saúde do Peru publicou um relatório mostrando que a grande maioria dos Achuars pesquisados tem níveis perigosamente altos de cádmio em seu sangue. As crianças também têm chumbo em demasia em seus corpos. Os dois metais pesados, encontrados nas águas residuais descarregadas pelas companhias petrolíferas, podem levar a sérios problemas de saúde. O estudo dos Achuars veio a pedido da Feconaco, uma federação de povos indígenas da bacia do rio Corrientes.

A Pluspetrol Norte, o maior produtor de petróleo do Peru, nega qualquer responsabilidade. A poluição por chumbo nos Corrientes e seus tributários permanece abaixo do máximo legal, e não há números confiáveis sobre a poluição por cádmio nos rios, diz a empresa.

Assim, não foi provado que as atividades da empresa petrolífera sejam a causa dos elevados níveis no sangue das pessoas que vivem ao longo do rio.

Mas, segundo a ONG Racimos de Ungurahui, o governo deveria examinar não apenas a água do rio, mas também os sedimentos no fundo dos cursos de água. Como o nível da água dos rios sobe e desce constantemente, grande parte dos metais pesados na água do rio logo se precipita.

Os ativistas dizem que as lagoas e lagos da região também estão poluídos. Dessas águas, os Achuares obtêm seus peixes. E a vida selvagem, outra importante fonte de alimento para os Achuares, sairia da área por causa da poluição.

Os índios do distrito de Loreto exigiram em julho que um "estado ecológico de emergência" fosse declarado na bacia de Corrientes, e que o governo tomasse as medidas necessárias para monitorar continuamente o estado do meio ambiente lá. Eles também queriam que o estado peruano e a Pluspetrol Norte trabalhassem na limpeza das áreas dos Achuares, e que obrigassem as empresas petrolíferas a mudar para a tecnologia mais recente para reduzir a poluição ambiental.

O Ministro de Energia e Minas do Peru, Juan Valdivia Romero, diz que sua equipe está negociando com a Pluspetrol Norte para acelerar a implementação de uma técnica na qual as águas residuais são injetadas no subsolo. Isso teria pouco impacto sobre o meio ambiente. A Pluspetrol diz que já perdeu 210.000 barris de águas residuais desta maneira. Mas Racimos de Ungurahui diz que é tudo muito lento e que a empresa planeja tratar apenas 15% de seu total de águas residuárias desta forma.

Roberto Ramallo, gerente geral da Pluspetrol Norte, diz que a empresa não quer evitar a responsabilidade pela poluição do passado. Ele disse que a empresa já fornece assistência médica gratuita a 18.000 pessoas perto das instalações petrolíferas e constrói ou melhora escolas para 4.000 jovens indígenas de lá.

Grandes conflitos de combustíveis petrolíferos

O conflito mediterrâneo de petróleo e gás ameaça escalar

Para explorar os diversos campos de gás e petróleo dentro da zona econômica exclusiva (ZEE) ao redor de Chipre, vários exercícios foram realizados no ano passado com os países envolvidos Grécia, Israel e Egito. Estes foram sempre ensombrados por músculos militares da Turquia. Para 2018, há receios de que a Turquia aja de forma mais agressiva e escalde o conflito.

A ilha de Chipre, que está dividida em uma parte sul grega e uma parte norte turca, tem planos de se reunir desde 2015. A situação parecia esperançosa, pois os presidentes de ambas as partes do país agora apóiam a idéia. E a extração de petróleo e gás havia sido adiada até julho de 2017, até uma nova tentativa de reunificação da ilha. "Naquele tempo, não houve novos sinais de aproximação de nenhum dos presidentes", disse ao jornal Steven Van Hecke, conferencista sênior de política comparativa e européia da KU Leuven.

A princípio, a extração de gás petrolífero parecia dar um empurrão extra em direção à unificação, mas agora parece estar conduzindo uma cunha entre o Chipre grego e o turco. Como o projeto de unificação não foi iniciado antes das extrações, esta decisão unilateral do Chipre grego naturalmente causou uma suspeita extra", explica Van Hecke. Por outro lado, a decisão é lógica do lado cipriota grego. Eles não podem permanecer pacientes para sempre e a situação não deve se tornar uma chantagem". Além disso, o erário público cipriota pode usar o dinheiro extra".

Perfuração de petróleo e gás
Entre março e dezembro de 2017, o navio-sonda Saipem 12000 realizou três explorações em nome das empresas Total e Eni na zona econômica exclusiva do Chipre.

Essa foi uma decisão conjunta do Egito, do Chipre grego e da Grécia. A Turquia reagiu agressivamente a essa decisão, enviando um navio fragata para "monitorar" o navio-sonda.

Erdogan não quer perder seu controle sobre o Chipre. Ele se recusa a enviar para casa as 30.000 tropas turcas no norte da ilha, e também não pode deixar passar as tentativas de perfuração sem ameaças", disse Van Hecke. No entanto, ele é fraco contra o Chipre grego que se sente fortalecido por seus aliados Grécia e, por extensão, a União Européia.

Desde 2004, o Chipre dividido é um membro da UE e o Chipre grego é reconhecido como o representante de toda a ilha.

Além disso, um gasoduto também já está em obras há algum tempo. Este irá de Israel através de Chipre e

Grécia até a Itália para explorar o campo de gás de Afrodite no Bloco 12 da ZEE. Em 5 de dezembro, os ministros de energia grego, cipriota grego e israelense e o delegado italiano assinaram um acordo para confirmar as negociações.

O que trará o ano de 2018?

A Turquia encomendou seu próprio navio-sonda, o Deapsea Metro II, que atracará no porto turco em 2018. Se o Deepsea Metro II de fato entrar na ZEE cipriota com navios militares em seu rastro, a situação poderá aquecer rapidamente. A curto prazo, temo que a situação não melhore", suspira Van Hecke, "mas a Turquia está fraca entre os países vizinhos que todos apoiam a causa cipriota grega". Portanto, suspeito que a Turquia se agarrará a meras ameaças".

O petróleo barato se faz sentir de Teerã a Caracas

A forte queda nos preços do petróleo desde meados de 2014 teve conseqüências de longo alcance para a economia global, o meio ambiente e a política internacional. Os efeitos mais profundos estão sem dúvida ocorrendo em vários países exportadores de petróleo, tais como Venezuela, Nigéria e Irã. Os problemas orçamentários que esses países enfrentam atualmente podem degenerar em agitação social e política. Ao mesmo tempo, o petróleo barato também oferece oportunidades para tornar as economias domésticas menos dependentes da volatilidade dos preços do petróleo.

Apesar de uma ligeira recuperação desde o final de janeiro, os preços internacionais do petróleo estão em níveis historicamente baixos. Hoje, um barril de petróleo bruto do Mar do Norte, a referência para o grosso do comércio internacional de petróleo, custa cerca de 55 dólares. Em junho do ano passado, era mais de US$ 110. Assim, em seis meses, o preço do petróleo caiu pela metade.

Esta queda de preço foi uma surpresa para a maioria. Nos últimos anos, nos acostumamos a preços do petróleo que não só eram muito altos, mas também surpreendentemente estáveis. Entre 2011 e meados de 2014, os preços do petróleo pairaram consistentemente em torno de US$110 por barril. Essa estabilidade contrastou fortemente com o ano da montanha-russa de 2008, no qual os preços do petróleo subiram pela primeira vez a um recorde de US$ 140 por barril, mergulhando para US$ 30 a uma velocidade espantosa em apenas alguns meses.

Também foi estranho que os preços do petróleo tenham caído em um momento em que os principais produtores de petróleo foram devastados por conflitos internos - Líbia, Sudão, Iraque, Nigéria e Síria - e por sanções - Irã e Rússia.

A produção de petróleo da Líbia, Iraque e Nigéria se aguentou bem em meio à turbulência, no entanto, mais de três milhões de barris de petróleo estavam adventíciamente fora do mercado a partir de 2013.

Tipicamente, tais conflitos políticos assustam os comerciantes de
petróleo e vemos os preços do petróleo subir em vez de cair.

 Conseqüentemente, há todo tipo de teorias conspiratórias circulando sobre as causas da queda dos preços do petróleo. Por exemplo, haveria um acordo secreto entre os Estados Unidos e a Arábia Saudita para atacar seus arqui-inimigos Rússia e Irã, com os quais já estão travando uma guerra por procuração na Síria. Mais uma vez, outra teoria mais popular fala de uma guerra de preços entre os sheiks sauditas do petróleo e as empresas americanas de fracionamento.

 Entretanto, a explicação mais óbvia para a queda dos preços do petróleo é a lei da oferta e da demanda. A desaceleração do
crescimento na zona do euro e na China fez com que a demanda de petróleo fosse menor do que o esperado, enquanto em segundo plano, os produtores de xisto na América do Norte aumentavam a produção ano após ano.

 No final de 2014, a produção de petróleo nos EUA era 80% maior do que em 2008. Assim, um volume adicional de 4,1 milhões de barris de petróleo entrou no mercado, mais do que o que cada membro da OPEP, exceto a Arábia Saudita, produz. Esta injeção extra correspondeu aproximadamente às perdas de produção em outros lugares.

Portanto, a estabilidade dos preços do petróleo de 2011 até meados de 2014 foi puramente coincidente, mascarando de fato as mudanças tectônicas no lado da produção. Em retrospectiva, este período foi nada mais que a calma antes da tempestade.

OPEP entre o martelo e a bigorna

Quando os 12 membros do cartel da OPEP se reuniram no final de novembro, eles enfrentaram um doloroso dilema. Ou baixaram seu teto de produção, mas então estariam efetivamente subsidiando os produtores de xisto dos EUA. Ou eles não fizeram nada, mas então os orçamentos de alguns membros do cartel seriam empurrados (ainda mais) para o vermelho. Sob pressão da Arábia Saudita, líder informal da OPEP, a segunda opção foi escolhida.

A decisão da OPEP (ou melhor, a não decisão) empurrou os preços do petróleo ainda mais para baixo e expôs uma velha cisma dentro do clube petrolífero: a oposição entre as chamadas "pombas" e os "falcões".

As pombas têm reservas de petróleo maiores e mais baratas, populações menores e reservas financeiras maiores do que os falcões. A Arábia Saudita e os Estados do Golfo são o principal expoente disso. Eles pensam mais freqüentemente em sua participação no mercado a longo prazo e são muito mais capazes de resistir a um período de preços baixos.

Isso é um luxo que os falcões, incluindo o Irã e a Venezuela, não têm. Eles querem o preço mais alto possível do petróleo para maximizar suas receitas. Mesmo que os falcões estejam em maioria numérica, as pombas têm as maiores reservas e a maior influência nas decisões.

A propósito, para aqueles que experimentaram conscientemente os anos 80, a situação atual nos mercados petrolíferos se apresenta como déjà vu.

Depois, também os preços do petróleo caíram em conseqüência do excesso de oferta nos mercados petrolíferos. A OPEP tentou inverter a maré com quotas de produção, mas na prática estas só foram seguidas pela Arábia Saudita.

Após cinco anos consecutivos de diminuição de participação no mercado, a paciência da Arábia Saudita se esgotou em 1986. Riad decidiu então abrir completamente a torneira do petróleo, com conseqüências drásticas. Só em 2005 o preço real do petróleo (ajustado à inflação) se recuperaria aos níveis de queda anteriores a 1986.

Os países árabes como vencedores estratégicos
A experiência dos anos 80, sem dúvida, entrou na conta da Arábia Saudita na última reunião da OPEP em novembro. O novo rei saudita Salman já sinalizou que continuará a linha, mesmo que a política de defesa da participação de mercado seja controversa em casa. A

Arábia Saudita pode ter custos de produção mais baixos e um buffer seguro de mais de 700 bilhões de petrodólares, mas eles também sofrerão com a queda do preço do petróleo. O reino precisa de um preço de petróleo de US$ 104 por barril para equilibrar seu orçamento. Vários estados menores do Golfo estão fazendo melhor a este respeito, incluindo os Emirados Árabes Unidos ($77,30), o Qatar ($60) e o Kuwait ($54).

A razão pela qual a Arábia Saudita precisa de um preço de petróleo tão alto é que, desde a primavera árabe, aumentou todos os tipos de gastos: gastos sociais, gastos militares (em 2013, a Arábia Saudita saltou para o quarto lugar mundial depois dos Estados Unidos, China e Rússia), e ajuda externa na região - inclusive para o Egito sob o comando de Al-Sisi, Jordânia, Bahrein, Iêmen e grupos de oposição sírios.

Poucas horas depois que os generais egípcios encenaram um golpe no Cairo contra os Irmãos Muçulmanos em 2013, por exemplo, a Arábia Saudita e os Emirados Árabes Unidos estavam prontos com um pacote de ajuda de 12 bilhões de dólares - cerca de 10 vezes mais do que o apoio dos EUA aos militares egípcios.

A longo prazo, a Arábia Saudita e os estados do Golfo provavelmente emergirão como vencedores estratégicos do período de baixo preço do petróleo. Graças a seus baixos custos de produção, eles ganharão quota de mercado. Os regimes favoráveis no Egito,

Marrocos, Tunísia e Jordânia terão uma conta mais barata para o petróleo que importam, enquanto o rival Irã terá sucesso. Finalmente, o grupo terrorista Estado islâmico, que obtém grande parte de suas receitas com o contrabando ilegal de petróleo, verá suas receitas caírem.

Os perdedores: Venezuela, Irã e Nigéria
A Venezuela - o país que a BP diz ter as maiores reservas mundiais de petróleo - é visto como o mais vulnerável de todos os países exportadores de petróleo. Mesmo antes da recente queda dos preços do petróleo, falava-se de falência iminente, como a Argentina sofreu recentemente.

Como o país depende do petróleo para nada menos que 96% de suas receitas de exportação, os rumores da palavra d (um padrão) só se intensificaram nas últimas semanas e meses.

A economia encolheu cerca de 3% em 2014, a inflação oficial aumentou para mais de 63% e há uma escassez de produtos básicos, como leite e papel higiênico. O governo chamou os militares para manter a ordem. Já no ano passado, 43 pessoas foram mortas em protestos contra o presidente Maduro, que começou a bater à porta da China por empréstimos novamente no início de janeiro. Desde 2007, a China emprestou mais de 45 bilhões de dólares a Caracas, em parte em troca de petróleo.

Os cortes necessários na Venezuela poderiam afetar não apenas seus próprios cidadãos, mas também muitos países do Caribe, que atualmente podem comprar petróleo venezuelano através de créditos favoráveis sob o chamado programa PetroCaribe. Para países como a Guiana, Haiti, Jamaica e Nicarágua, esta ajuda ascende a 4% do PIB. Mas custa ao governo de Caracas cerca de 2,3 bilhões de dólares por ano.

O Irã já estava lutando contra os efeitos das sanções econômicas antes que o preço do petróleo começasse a cair. As exportações de petróleo caíram de 2,5 milhões de barris por dia em 2011 para 1,1 milhões de barris no final de 2013. O país precisa de um preço de petróleo de US$ 130 para pagar os gastos planejados pelo governo. Quase um quarto desses gastos, alguns US$ 84 bilhões descuidados, foi absorvido pelos subsídios domésticos de energia em 2013.

Nenhum outro país do mundo gasta tanto em subsídios de energia poluente e desperdiçadora. Devido às sanções, Teerã não tem acesso a cerca de 100 bilhões de dólares em ativos congelados em contas bancárias estrangeiras, nem pode simplesmente ir ao exterior para pedir empréstimos.

O Presidente Rouhani tenta, de fato, algumas reformas. No ano passado, ele aumentou o preço da gasolina em 75% e o do óleo de aquecimento em 25%. Mas para o presidente, continua sendo crucial que o nível de vida melhore, uma promessa eleitoral dele, e assim a economia começa a crescer novamente.

Se os preços do petróleo não subirem logo, a pressão para encontrar uma solução diplomática na terceira rodada de negociações nucleares, que termina em junho de 2015, aumenta. Curiosamente, Rouhani deixou claro no início de janeiro que quer fazer uso de um certo artigo constitucional para decidir "questões importantes" (leia-se: o programa nuclear) por referendo, fora do parlamento (conservador). Isto pode indicar que ele quer contornar os radicalistas e fazer um acordo com o Ocidente.

A Nigéria, onde as eleições presidenciais marcadas para o Dia dos Namorados foram adiadas recentemente, também está no olho da tempestade. O país é quase 70% dependente da receita do petróleo, e o petróleo responde por nada menos que 90% de suas receitas de exportação.

O grupo terrorista Boko Haram está causando estragos no nordeste do país, onde agora controla uma área do tamanho da Bélgica. A Nigéria também enfrenta a corrupção generalizada e o roubo de petróleo. De acordo com um relatório do think tank britânico Chatham House, até 100.000 barris de petróleo desaparecem todos os dias, no valor de bilhões de dólares por ano. Claramente, quem quer que se torne presidente, o risco de instabilidade contínua é alto.

Dores de cabeça no Kremlin

De todos os países não-OPEP, a Rússia provavelmente tem os piores papéis. A combinação de sanções e petróleo barato está empurrando o país para a recessão.

O rublo caiu 40% em relação ao dólar em 2014 e houve uma fuga de capital generalizada.

A depreciação da moeda também tornou a importação mais cara, particularmente dolorosa para uma economia que depende de países estrangeiros para quase tudo, menos para as matérias-primas.

Como resultado, a inflação subiu para 15% em janeiro. Parece que a Rússia está entrando em um período de estagflação: um perigoso coquetel de declínio econômico e aumentos de preços.

A Rússia vive 50% da renda proveniente do petróleo. Estima-se que ela precisa de um preço de petróleo em torno de 100 dólares para alcançar um orçamento equilibrado. Espera-se que a economia da Rússia contraia vários por cento em 2015.

Em contraste, nos anos de crise econômica de 2008 e 2009, o país experimentou um declínio econômico de 8% a 10%. Assim, o tenor geral no Kremlin é que esta crise provavelmente vai acabar. Os russos estão acostumados a algumas dificuldades.

A grande questão é se a recessão econômica levará a um relaxamento ou a um endurecimento da política interna e externa da Rússia.

Curiosamente, o Presidente Vladimir Putin recentemente deixou escapar que a Ucrânia deveria permanecer uma entidade política, e que deveria ser autorizada a escolher seus próprios parceiros.

Mas isso foi antes do massacre na cidade ucraniana oriental de Mariupol, no final de janeiro, e muitas vezes existe uma enorme lacuna entre as palavras e as ações de Putin.

Apesar dos avisos do ministro das finanças russo de que os gastos militares estão se tornando insustentáveis e precisam encolher, Putin parece determinado a aumentar o orçamento da defesa nos próximos anos.

Diversificação

A expansão dos efeitos da queda dos preços do petróleo em tantos países e setores da economia global mostra como o petróleo ainda é importante no mundo de hoje. Mas as exportações de petróleo estão mais concentradas globalmente do que as importações.

Em outras palavras, os países exportadores de petróleo são muito mais dependentes do petróleo do que os países importadores. Conseqüentemente, os preços erráticos do petróleo dos últimos anos têm freqüentemente um efeito iô-iô sobre a estabilidade econômica e política interna desses estados petroleiros.

Além das flutuações de preços, outra ameaça a longo prazo paira sobre esses países: a erosão da demanda global por petróleo. O consumo de petróleo no Ocidente já atingiu seu pico em 2005 e vem diminuindo desde então devido ao aumento da eficiência e à mudança para outras fontes de energia. Isto está de acordo com o fato de que cerca de 35% de todas as reservas de petróleo devem permanecer no subsolo para manter a mudança climática abaixo do limite crítico de 2°C.

O bom senso, portanto, dita que os exportadores de petróleo procurem diversificar suas economias o mais rápido possível. Dessa forma, eles não só se tornarão menos dependentes dos caprichos dos mercados internacionais de petróleo, mas também ajudarão na luta contra a mudança climática.

O petróleo no Saara Ocidental leva a tensões
Ativistas estão questionando planos de uma empresa americana de energia para perfurar petróleo no disputado Saara Ocidental. Essa região faz parte do Marrocos, mas os povos indígenas estão exigindo a independência.

Representantes comerciais americanos e marroquinos estão se reunindo em Rabat esta semana para fortalecer os laços comerciais entre os dois países. Ao fazer isso, o governo marroquino espera aproveitar um acordo de livre comércio assinado com os americanos em 2006. Ele quer incentivar os investimentos americanos no Marrocos, apresentando-se como uma porta de entrada para os mercados europeus e africanos e para o Oriente Médio.

O Marrocos quer investir fortemente na exploração de petróleo e gás. Os investidores internacionais há muito se concentram na energia solar e parques eólicos no Marrocos, mas as empresas européias e americanas também cobiçam concessões para uma possível extração de petróleo. Diz-se que algumas reservas de petróleo são encontradas no Saara Ocidental, onde o Marrocos é visto por muitos como uma potência ocupante.

Ilegal

Kosmos Energy of Texas é uma empresa já em busca de gás offshore em três campos na chamada Bacia de Agadir. Mais controversos são os planos da Kosmos de procurar petróleo em terra, perto do Cabo Bojador, no Saara Ocidental, a partir de outubro.

Grupos de interesse como o Western Sahara Resource Watch (WSRW), disputam a legalidade da presença estrangeira, como o Kosmos'. "Os saharauis, os habitantes indígenas do Saara Ocidental, estão à margem deste projeto", disse Erik Hagen, presidente da WSRW. "Eles querem que as empresas saiam". Eles estão trabalhando com o governo, uma força ocupante".

Após a independência do Saara Ocidental da Espanha em 1976, Marrocos tomou a área. Seguiram-se anos de conflito armado entre Marrocos e a Frente Polisario, apoiada pela Argélia. A anexação do Saara Ocidental não é reconhecida internacionalmente, mas é apoiada por alguns países.

Direito internacional

Em 2002, o Marrocos autorizou a empresa americana Kerr McGee e a francesa Total S.A. a explorar petróleo no Saara Ocidental. As Nações Unidas responderam, reconhecendo efetivamente a governança marroquina no Saara Ocidental. Contratos específicos não são, em si mesmos, ilegais, declarou a ONU. É somente quando a exploração e a extração envolvem os interesses do povo do Sahara Ocidental que eles violam os princípios do direito internacional.

Desde então, tanto as empresas petrolíferas multinacionais quanto os grupos de defesa da causa do Saara Ocidental vêm interpretando essa opinião da ONU, também conhecida como Corell Opinion, em seu benefício.

Abi Nader, do Centro Marroquino-Americano de Comércio e Investimento, diz que a extração mineral traz benefícios econômicos para a população local. Por exemplo, novos empregos são criados.

Kosmos Energy também se refere à opinião da Corell. A empresa argumenta que o Marrocos quer compartilhar de forma justa os lucros da extração de recursos no Saara Ocidental com a população indígena. No entanto, Hagen da WSRW questiona essas intenções do governo marroquino. Ele afirma que os saharauis não querem que o governo marroquino e as multinacionais extraiam petróleo e gás em sua região. Isto tornaria ilegais as atividades do Kosmos, de acordo com a opinião da Corell.

A WSRW não só está pedindo que a Kosmos deixe o Saara Ocidental, mas também está pedindo que a empresa americana Atwood Oceanics não entregue o equipamento que a Kosmos quer para o Cabo Boujdour. Nenhuma das duas empresas respondeu a um pedido de comentários.

O grande petróleo sabota nosso futuro
A paralisia na cúpula climática de Doha é o resultado do lobby bem-sucedido da indústria petrolífera, dizem os ativistas.

Os países em desenvolvimento estão zangados com os Estados Unidos e a União Européia por se recusarem a reduzir drasticamente suas emissões de gases de efeito estufa ou concordarem com financiamento adicional. Essa recusa é alimentada em parte pelos interesses da indústria de combustíveis fósseis, incluindo os dos

bilionários mais ricos do mundo, dizem os irmãos
Charles e David Koch, ativistas.

A riqueza combinada dos irmãos Koch é estimada em 80
bilhões de dólares. Eles gastaram mais do que todas as
empresas petrolíferas - incluindo a Exxon - em
campanhas contra a legislação ambiental, financiando a
pesquisa científica a seu favor e bloqueando os
subsídios à energia limpa, o Fórum Internacional sobre
Globalização (IFG) declara em uma análise.

"A razão pela qual os Estados Unidos não estão fazendo
mais é que os irmãos Koch e outras partes interessadas
estão tentando minar qualquer política climática", disse
Victor Menotti, diretor do IFG.

O relatório da IFG, "Faces Behind a Global Crisis",
discute, entre outras coisas, as tentativas dos irmãos
Koch de acelerar a construção de um oleoduto para
petróleo a partir de areias asfálticas canadenses. Ele
também mostra como a agência ambiental americana
EPA está sendo atacada por tentativas de regular as
emissões de CO_2 e impor regulamentações mais rígidas
ao setor. "Os Kochs enriqueceram poluindo nosso
planeta". E agora eles estão usando suas riquezas para
manipular as regras em seu próprio benefício", afirma o
relatório.

Frustrante
O relatório chega após um estudo de 2011 que
identificou 50 das pessoas mais ricas do mundo que têm

enorme influência na atual crise climática. "Demasiado poder está concentrado em um pequeno grupo de pessoas. O dinheiro tem que sair da política", disse Menotti.

O presidente americano Barack Obama deve se afastar da política de alguns anos atrás e perceber que existe um poderoso movimento juvenil que quer ação sobre o clima, diz uma delegação juvenil dos EUA que participa da cúpula climática em Doha. "Passei seis meses ajudando com a campanha eleitoral de Obama". Ele sabe que os jovens querem ação sobre o clima, mas nós ainda não vimos nada", disse Hannah Bristol de Washinton D.C.

"Queremos que os Estados Unidos vão além do carvão, petróleo e gás. Todos os tipos de coisas estão sendo feitas nas universidades e em outros lugares para trabalhar em prol disso, mas não podemos fazer isso sozinhos", diz Ian Karra, de Atenas, Geórgia.

Bristol diz estar desapontado que, especialmente depois de todos os danos causados pelo Furacão Sandy no final de outubro, os Estados Unidos não estão assumindo a liderança em Doha. "É incrivelmente frustrante ver como pouco está acontecendo aqui em Doha", diz ela.

Aumento de temperatura
"A caravana de Doha está perdida em uma tempestade de areia", diz Ronny Jumeau, embaixador da mudança

climática nas Seychelles e representante da Aliança dos Pequenos Estados Insulares (AOSIS). "Há muito pouca ambição aqui".

Por ambição, ele se refere à redução das emissões de gases de efeito estufa liberadas pela queima de combustíveis fósseis. Mesmo que os países cumpram suas metas atuais, é provável que as temperaturas globais aumentem de 4 a 10 graus, de acordo com a ciência mais recente.

Jumeau disse que os países insulares e menos desenvolvidos não só querem promessas dos países ricos para reduzir ainda mais as emissões, mas também que essas promessas sejam juridicamente vinculativas. "Caso contrário, alguns países dirão em alguns anos que a situação econômica os forçará a quebrar as promessas", diz ele.

Embora os países não tenham assumido nenhum novo compromisso sobre emissões, a Alemanha e a Grã-Bretanha assumiram um compromisso financeiro com os países em desenvolvimento. Eles receberão parte do dinheiro prometido para os próximos dois anos a fim de mitigar o impacto da mudança climática.

Os países industrializados prometeram investir 100 bilhões de dólares por ano em um fundo chamado Fundo para o Clima Verde para este fim até 2020. Para preencher a lacuna até lá, os países em desenvolvimento solicitaram US$ 60 bilhões até 2015.

87

No início desta semana, não havia dinheiro disponível para o período 2013-2015. "Felizmente, isso agora mudou", diz Jumeau.

"Os EUA não são obrigados a fornecer financiamento adicional", disse Jonathan Pershing, chefe da delegação dos EUA. Mas seu país tem a intenção de ajudar, argumenta ele. Três estados norte-americanos danificados pelo furacão Sandy estão pedindo US$ 83 bilhões ao governo federal para reparar os danos. O tufão Bopha, que varreu as Filipinas no início desta semana, já é o 16º desastre climático a atingir as Filipinas este ano. "Em um contexto global, é 100 bilhões esse dinheiro agora?" disse Pershing.

A indústria petrolífera tem conhecimento da mudança climática há meio século

Nos anos 60, foi dito à indústria petrolífera que as emissões de CO2 dos combustíveis fósseis levariam a "problemas ambientais globais", incluindo o derretimento das calotas de gelo e a ruptura climática. Isto é de acordo com um relatório científico da época, que agora veio à luz.

No ano passado, outros documentos já revelavam que grandes empresas petrolíferas americanas e européias tinham conhecimento do problema climático pelo menos desde 1981, mas fizeram tudo ao seu alcance nas décadas seguintes para afastar esse conhecimento e até mesmo contradizê-lo publicamente.

Agora, novos documentos mostram que a indústria sabia do problema ainda muito antes. Já em 1968, os cientistas do Instituto de Pesquisa de Stanford alertaram de forma inequívoca sobre os riscos climáticos das emissões de CO2 a longo prazo.

Derretimento do gelo
Em um relatório ao American Petroleum Institute (API), o guarda-chuva da indústria petrolífera dos EUA, os cientistas previram que a concentração de CO2 na atmosfera poderia aumentar para 400 ppm até o ano 2000 - um limite que já foi ultrapassado - e que tal aumento poderia ter uma ampla gama de efeitos nocivos sobre o planeta.

O relatório, escrito há quase meio século, afirma que "o homem está agora envolvido em uma vasta experiência geofísica com seu meio ambiente, a Terra". Ele passa a ler como uma previsão das conseqüências da mudança climática agora". No ano 2000, quase certamente haverá mudanças significativas de temperatura (...) Se as temperaturas continuarem a subir significativamente, pode-se esperar uma série de eventos, incluindo o derretimento das calotas de gelo, a elevação do nível do mar, a água do mar mais quente e o aumento da fotossíntese".

"Não podemos prever com certeza o que a poluição a longo prazo fará ao nosso meio ambiente, mas não há dúvida de que os danos potenciais ao nosso meio ambiente podem ser severos", concluem os cientistas.

Ónus da prova
O relatório Stanford é um das centenas de documentos publicados pelo Center for International Environmental Law (CIEL), um escritório de advocacia especializado.

 "Começamos nossa pesquisa com três perguntas simples: O que eles sabiam? Quando eles souberam? E o que eles fizeram a respeito", disse Carroll Muffett, presidente do CIEL. O que descobrimos é que eles já sabiam muito, e o sabiam muito mais cedo e com mais certeza do que nós percebemos ou eles próprios admitiram".

 Quando a preocupação pública com a poluição do ar começou a crescer, a indústria planejou uma campanha de pesquisa abrangente e bem coordenada sobre o impacto da poluição do ar, a CIEL conclui. Em meados dos anos 50, no máximo, a mudança climática tornou-se uma das áreas
importantes de pesquisa. Através do chamado Comitê de fumaça e fumaça, não só o dinheiro foi bombeado para suas próprias pesquisas, mas também o ceticismo entre a população foi dito que foi alimentado e as leis ambientais foram descartadas como apressadas, caras ou desnecessárias.

 Estes documentos acrescentam a um conjunto crescente de evidências de que a indústria petrolífera trabalhou ativamente para minar a confiança pública na ciência climática e questionar a necessidade de ação climática, mesmo à medida que seu próprio conhecimento crescia", disse Muffett. A evidência é apenas a ponta do iceberg e requer mais investigação. As empresas petrolíferas tiveram uma oportunidade precoce de reconhecer a ciência climática e capacitar os consumidores a fazer escolhas informadas. Mas eles adotaram uma abordagem diferente. O público tem o direito de saber o porquê.

Livrando-se do petróleo ainda não para amanhã
Para conter o aquecimento global, os combustíveis fósseis devem sair, a começar pelo carvão. O petróleo, entretanto, continuará a dominar ao longo do século XXI. Os suprimentos no Oriente Médio também continuarão incontornáveis nas próximas décadas, segundo Jean-Louis Nizet, secretário geral da Federação Belga do Petróleo.

 "Para que a civilização sobreviva, devemos cultivar a ciência das relações humanas - a capacidade de todos os povos, de todos os tipos, de viverem juntos, no mesmo mundo em paz".
As declarações do presidente americano Franklin Roosefelt (1882-1945) não perderam nenhuma de suas atualidades no século XXI.

A geopolítica do petróleo
O que é notável, é claro, é como os EUA implementaram essa declaração. Esse mesmo Roosefelt, que viveu duas guerras mundiais, fez um pacto secreto com a Arábia Saudita, um acordo Petróleo

por Segurança, em fevereiro de 1945, antes do fim da Segunda Guerra Mundial. Nele, a Arábia Saudita prometeu aos EUA acesso sem restrições às suas reservas de petróleo em troca de proteção e assistência militar à dinastia saudita.

 Para os EUA, a política externa, a segurança energética e a segurança nacional sempre estiveram intrinsecamente ligadas", disse Philippe Copinschi, especialista em energia do Institute Sciences Po em Paris e consultor independente em Energia e África. Copinschi foi um dos palestrantes do Colóquio "Bringinging Oil Up or Leaving it in the Ground", organizado pela Rede Belga de Recursos Naturais.

 "Assim, os EUA não estão tão interessados em extrair o petróleo - eles preferem deixá-lo para o mercado livre. Veja o Iraque: eles o transformaram em um supermercado para o petróleo. Sua preocupação é antes controlar os fluxos entre as zonas de produção e consumo para garantir o abastecimento. Os EUA são também a única potência que tem presença da marinha em escala global, com bases em todos os oceanos e controles sobre os estreitos que são potenciais gargalos".

Um quarto do consumo de petróleo hoje é contabilizado pelos Estados Unidos, representando apenas 5% da população mundial. 8 em cada 10 americanos possuem um carro, na Bélgica é 5,6 em cada 10.

Um avião decola com óleo, ou não decola.
Portanto, ainda estamos firmemente dentro do
petróleo. E embora hoje o petróleo seja pouco utilizado
para a produção de eletricidade, para o transporte ele
continua sendo uma fonte indispensável de energia.
Dois terços a três quartos de todo o consumo de
petróleo vão para o transporte, e 95% do transporte
global é baseado no petróleo. Apenas 10% do petróleo
bruto é destinado à produção de plásticos e produtos
acabados de alto valor. Portanto, não há globalização
sem petróleo.

Copinschi: "Para os veículos, há uma mudança notável
para carros elétricos, mas para o transporte marítimo e
para a aviação, isto ainda está longe no futuro. Um
avião decola com óleo ou não decola. E a guerra
moderna não pode passar sem petróleo. O transporte
diário pode passar sem petróleo, o petróleo deixa de
ser um recurso estratégico. Então ele se tornará uma
mercadoria como o carvão, que as pessoas produzirão
enquanto for economicamente viável".

 Entretanto, estamos longe disso: de acordo com as
Perspectivas Energéticas da Agência Internacional de
Energia, o petróleo continuará sendo crucial nas
próximas décadas. Depois de 2040, 70% da energia para
o transporte ainda virá do petróleo. Isto também é
evidente pelos números da BP, que são considerados
como direcionais no setor petrolífero.

A demanda por petróleo crescerá particularmente nos países emergentes, de acordo com a Opec. Em 2014 essa demanda era de 91 milhões de barris por dia, até 2040 espera-se que aumente para 111 milhões de barris. Na Europa e nos EUA, a demanda está caindo, devido ao aumento da eficiência energética, mas ao mesmo tempo, uma grande parte da população mundial continua hoje privada da energia necessária.

Pico de Petróleo de Saída. Petróleo em abundância

Para o mercado petrolífero, esta demanda crescente não é sequer um problema porque há muito petróleo em oferta, testemunha o baixo preço do petróleo. No último ano e meio, ele caiu de US$ 110 por barril para cerca de US$ 50 por barril hoje. A mesma tendência é esperada para o próximo ano, quando o petróleo iraniano voltará ao mercado, após o levantamento das sanções.

De acordo com Philippe Copinschi, a teoria do pico do petróleo é, portanto, obsoleta hoje em dia. "O geólogo que apresentou esta teoria nos anos 50 não havia levado em conta os recursos petrolíferos no Alasca e o progresso tecnológico da época". Copinschi chama isso de espetacular progresso tecnológico no setor petrolífero. Enquanto antes apenas 35% do petróleo era trazido à superfície de um campo petrolífero, considerado facilmente extraível e, portanto, economicamente viável, hoje essa porcentagem aumentou consideravelmente. A maior parte do crescimento da produção provém disso, mais do que da perfuração de novos campos de petróleo.

Outro fator é o fornecimento de petróleo não convencional, de areias asfálticas ou de campos de petróleo em águas profundas, que na época eram inéditos e não extraíveis. Isso também trouxe novos atores ao mercado, como o Canadá e alguns países latino-americanos com petróleo em águas profundas, como o Brasil e a Venezuela.

E finalmente, há o gás e o petróleo de xisto nos Estados Unidos Jean-Louis Nizet, secretário geral da Federação Belga do Petróleo: "Os EUA dobraram sua produção em cinco anos e se tornaram o primeiro produtor mundial em 2014. Eles superaram no ano passado mais barris de petróleo do que a Arábia Saudita, com 11 milhões de barris por dia. t Arábia Saudita não cumpriu a cota e continuou a bombear. Isto é "du jamais vue in the world of oil".

A Arábia Saudita é única
No entanto, mesmo neste contexto de excesso de oferta e petróleo de xisto dos EUA, as reservas do Oriente Médio, especificamente da Arábia Saudita, continuam sendo cruciais. Nizet: "Na produção mundial de petróleo, há sempre três em cena: os EUA, a Rússia e a Arábia Saudita, e ocasionalmente suas posições mudam. Mas a Arábia Saudita é de particular importância. A região ainda é responsável por 60% das

reservas de petróleo disponíveis e comprovadas, com esta grande diferença em relação a outros campos que são "flexíveis". Ou seja, eles podem ajustar rapidamente a capacidade de produção quando outros produtores abandonam o mercado para estabilizar o mercado. Isso aconteceu em 2011, quando a produção de petróleo da Líbia praticamente abandonou o mercado. A Líbia estava produzindo 1,5 milhões de barris por dia, pouco menos de 2% da produção global. A Arábia Saudita respondeu imediatamente, aumentando a produção".

Afastar-se do petróleo, um imperativo moral
A única ameaça real para a indústria petrolífera é o aquecimento global. Copinschi, "A queima de petróleo aquece inevitavelmente o clima; precisamos urgentemente encontrar uma alternativa. A idade da pedra não parou por causa da escassez de pedras, mas por causa do avanço de novas técnicas". Copinschi também tem outro argumento: "Em algumas décadas, as pessoas vão realmente nos chamar de loucos por termos usado um recurso tão valioso como o petróleo apenas para queimar em veículos, em vez de reservá-lo para a fabricação de produtos de alto valor".

Essa constatação começa a se afundar. Durante anos, tem havido campanhas para eliminar gradualmente os subsídios aos combustíveis fósseis em todo o mundo.

De acordo com os ambientalistas, o novo acordo climático deve ajudar a concretizar isso. Alguns países também começaram a fazer isso, aproveitando-se do baixo preço do petróleo.

Há o movimento de desinvestimento, que insta as instituições a pararem de investir em projetos relacionados ao petróleo, pois isso pode levar a ativos irrecuperáveis e a uma bolha de carbono: títulos que se tornam inúteis, quando esse futuro petróleo não poderá mais ser queimado e, portanto, pode causar outro colapso nos mercados financeiros.

Carvão de saída
Na última reunião do G7 (EUA, Alemanha, Grã-Bretanha, França, Itália, Japão e Canadá), em junho, os maiores países industrializados se comprometeram a eliminar progressivamente o consumo de combustíveis fósseis (carvão, gás e petróleo) até o final do século, começando com a proibição do carvão para a produção de eletricidade. Assim, isto inclui uma transformação de longo alcance do setor energético até 2050.

Desde 2010, 63 GW de usinas de carvão planejadas já foram suspensas no G7. 124 GW de usinas antigas foram fechadas ou serão fechadas até 2020.

Quanto ao petróleo, os EUA também são um peso pesado no uso do carvão, com 288 GW de geração de eletricidade a partir do carvão. Isso é mais que o dobro do que os outros países do G7 juntos. Mas eles estão simultaneamente à frente da iniciativa. Eles se comprometeram a fechar 84 GW até 2020 e não construir nenhum novo. Os EUA também estão ativos no bloqueio de novos financiamentos em projetos de carvão.

Para a Alemanha, com a Energiewende, é uma questão difícil, mas as grandes perdas em novas usinas de carvão aguçaram a percepção de que é hora de abandonar o carvão.

A Grã-Bretanha quer fechar todas as usinas de carvão até 2025. Foi o que a ministra do clima e energia Amber Rudd prometeu. Propostas concretas para isso estarão em cima da mesa na primavera do próximo ano. As antigas usinas elétricas a carvão estão desaparecendo rapidamente, mas no segundo trimestre de 2015 mais de 20% da eletricidade ainda era produzida por usinas a carvão. Pouco mais de 30% da eletricidade da Grã-Bretanha provém de usinas a gás. A eletricidade de fontes renováveis é de 25,3% e a nuclear, de 21,5%. A França e a Itália também estão tomando medidas concretas.

Somente o Japão e o Canadá se destacam, com sua forte dependência do carvão. O Japão está atualmente planejando a construção de 48 novas usinas elétricas alimentadas a carvão, que respondem por 27 GW. Desde o desastre nuclear de Fukushima, o país se tornou novamente mais fortemente dependente do carvão. O Canadá está totalmente comprometido com a mineração de suas areias asfálticas altamente poluentes, com altas emissões de CO_2. O país também saiu do Protocolo de Kyoto, argumentando que a mineração dessas areias asfálticas tornaria impossível o cumprimento de suas metas.

De acordo com alguns analistas, este compromisso do G7 é muito pouco tarde. Ao invés do final do século, seria melhor mudar essa meta para 2050. Além disso, grandes emissores, como a China e a Índia, não estão incluídos no acordo.

Quando a Antuérpia irá enfrentar suas exportações de petróleo "sujo"?
Todos os anos, dezenas de milhares de toneladas de combustível de alto teor de enxofre são exportadas do porto de Antuérpia para a África. Combustível que não atende aos padrões europeus e tem um enorme impacto sobre as pessoas e o meio ambiente. Investigações na Flandres e Antuérpia revelam: nós não estamos fazendo isso.

Começou com um convite da ONG suíça Public Eye: se queríamos estar presentes na descarga de um contêiner no Porto de Antuérpia. Esse contêiner continha barris cheios de "ar sujo" de Gana e deveria ser colocado na estrada de ferro para a Suíça.

O protesto foi apropriadamente chamado de "retorno ao remetente". Afinal, o ar sujo estava sendo entregue à sede da Trafigura, um comerciante suíço de combustível.

Com base em pesquisas por amostragem em oito países africanos, o Public Eye havia determinado que vários comerciantes europeus de combustível estavam enviando toneladas de diesel com níveis de enxofre bem acima do padrão europeu para a África Ocidental a cada ano. Um atentado à saúde pública e ao meio ambiente. De fato, o diesel com alto teor de enxofre está associado a altas emissões de fuligem e material particulado.

Antuérpia, o remetente

Retornar ao remetente, em direção à Suíça … mas aqueles que leram o relatório um pouco mais de perto logo notaram que o contêiner não veio via Antuérpia. Antuérpia pertence à chamada região ARA, que inclui os portos de Amsterdã, Roterdã e Antuérpia. A ARA parece ser a base perfeita para a produção e exportação de diesel de baixa qualidade para a África.

Segundo o Public Eye, 50% do combustível importado na África Ocidental provém da região ARA. Mais ainda, diz-se que 80% do diesel da ARA contém um teor de enxofre muito maior do que o padrão europeu. Enquanto a Europa permite um teor de enxofre de 10 ppm (partes por milhão), o combustível da chamada "qualidade africana" às vezes conteria mais de dez vezes a quantidade de enxofre.

Controle de qualidade e relatórios de segurança

Então, a qualidade do combustível para o mercado não europeu não é controlada? Um telefonema para a

Economia Federal de Serviço Público revela que falta legislação específica sobre isso. O Fundo de Análise de Produtos Petrolíferos (FAPETRO) verifica anualmente todas as bombas e locais de armazenamento públicos para ver se os produtos no mercado belga atendem aos critérios europeus.

E este é quase sempre o caso", diz a porta-voz Chantal De Pauw. De fato, durante as inspeções, o FAPETRO não faz distinção entre reservatórios. Nem nada indica linhas de produção separadas para combustível no exterior". Isso é possível. Mas', acrescenta a própria De Pauw, 'a Bélgica também desempenha um papel importante como país de trânsito. Esses produtos petrolíferos não são destinados ao mercado belga, portanto também não há supervisão legal prevista para eles".

Se e onde o combustível de baixa qualidade é produzido em Antuérpia é difícil de determinar. O relatório do Public Eye menciona uma série de terminais em Antuérpia, dos quais se diz que os comerciantes suíços operam (Terminais Vesta, Terminal de Tanques Marítimos, Gunvor Petroleum, ATPC).

Se os proprietários de terminais estão cientes do que está sendo armazenado ou produzido em seus locais? Como prestador de serviços na indústria petrolífera, não somos proprietários dos produtos nos tanques", ecoa os Terminais Vesta, por exemplo. O terminal não tem influência, não tem conhecimento e também não tem o direito de recusar transações de seu cliente. Ao mesmo tempo, atuamos permanentemente em total conformidade com a legislação pertinente".

Refere-se, então, aos próprios comerciantes. Os terminais estão um a um sujeitos à legislação SEVESO, no entanto. Isto foi desenvolvido após um desastre químico industrial em Seveso, Itália, em meados da década de 1970. A diretiva europeia SEVESO tem como objetivo "prevenir acidentes graves envolvendo substâncias perigosas e limitar as conseqüências de tais acidentes para o homem e o meio ambiente".

As empresas SEVESO - que produzem, utilizam, manuseiam ou armazenam substâncias perigosas em maiores quantidades - estão, portanto, sujeitas a uma lista de regulamentos de segurança e medidas de proteção.

Os chamados estabelecimentos de limiar elevado também estão sujeitos a um relatório de segurança de, no mínimo, cinco anos. Somente: este relatório se concentra na segurança das pessoas e do meio ambiente em casa. Nem uma palavra sobre a qualidade das substâncias produzidas e seu impacto, por exemplo, na África.

225.000 toneladas de diesel sujo

Portanto, nenhum controle de qualidade sobre o que "sai". Entretanto, os exportadores têm que declarar à alfândega a natureza de suas mercadorias exportadas.

Isto é feito com base nos códigos internacionais HS (Harmonized System Codes), uma combinação de oito dígitos que descrevem com precisão a composição da mercadoria e também dizem algo sobre o conteúdo de enxofre.

Os dados alfandegários alimentam as estatísticas de exportação do Banco Nacional Belga. Estes mostram que nos últimos anos a Flandres exportou muitas toneladas de diesel com maior teor de enxofre do que é permitido na Europa para a África Ocidental.

O maior comprador é o Togo, com seu porto Lomé, que, segundo a Public Eye, atua como um centro de trânsito. Grandes petroleiros chegam às águas de Lomé. Sua carga é transbordada em navios menores e depois parte para o interior da África.

Mais de 225.000 toneladas foram registradas no ano passado (2015). Somente a Holanda se saiu melhor. Isso recebeu 305. 798 toneladas de diesel "sujo" no ano passado. É verdade que o combustível pode ser usado como fonte de calor de forma totalmente legal na Europa. Mas esse argumento parece um pouco leve demais para explicar o alto índice de exportação. Outro fato é que algumas refinarias de petróleo nos três portos ARA trabalham em conjunto, o que significa que os navios que transportam produtos petrolíferos estão constantemente se deslocando para frente e para trás entre a Flandres e a Holanda.

Amsterdã em ação

O relatório do Public Eye foi motivo suficiente para que
o Conselho Municipal de Amsterdã, proprietário da
Autoridade Portuária de Amsterdã, tratasse do assunto.
Na última quinta-feira, 37 dos 45 membros do conselho
municipal votaram a favor de uma moção para proibir a
produção de combustíveis tóxicos. Isto seria feito
através de um convênio com acordos vinculativos entre
a Autoridade Portuária e as empresas.

O vereador de Amsterdã Kajsa Ollongren enfatizou que
ela não pode prometer que tal pacto venha a acontecer.
Eu não posso impor este tipo de proibição", declarou
ela em Het Parool. Não existem instrumentos legais
para deter o diesel com alto teor de enxofre. Ollongren
parece esperar mais da cooperação com outros portos,
nomeadamente Rotterdam e Antuérpia.

Ao mesmo tempo, Amsterdam pediu a Lilianne
Ploumen, ministra holandesa de Cooperação para o
Desenvolvimento e Comércio Exterior, que levantasse a
questão do transporte de combustíveis tóxicos a nível
internacional.

Ploumen deu um primeiro passo para esse fim na última
segunda-feira. Junto com sua colega nigeriana Amina
Mohammed (Ministra do Meio Ambiente, antiga
Enviada Especial da ONU para Objetivos de
Desenvolvimento Sustentável), ela organizou uma mesa
redonda. Os atores da sociedade civil, organizações
internacionais e governos concordaram em combater a

poluição do ar causada pelo diesel sujo na África Ocidental.

Segundo Ploumen, os regulamentos na Europa não levam a uma solução porque o comércio de diesel sujo não é proibido internacionalmente. Portanto, de acordo com ela, os países em desenvolvimento devem estabelecer suas próprias regras para manter os combustíveis sujos de fora. No entanto, a ministra holandesa espera que as empresas "entrem em discussões com seus colegas e governos locais para trabalharem juntos em combustíveis mais limpos e melhores regulamentações".

O argumento de Ploumen de que os países africanos também têm responsabilidade faz sentido. Ele também aparece na defesa dos comerciantes de combustível. Eles não negam que existem fluxos de diesel de alto teor de enxofre para a África. Vitol, por exemplo, um dos "principais acusados" suíços e ativo no porto de Antuérpia, revelou que o fornecimento de diesel na África é um negócio altamente competitivo.

"Ganha o licitante mais barato. Mas ao fazer isso, Vitol sempre age de acordo com as especificações do mercado relevante". Leia: nós não fazemos nada de ilegal. De fato, exportar diesel com alto teor de enxofre não é ilegal, desde que os países em questão não estabeleçam padrões mais altos.

Mas desde o relatório do Public Eye, eles também não têm estado ociosos na África. Na última segunda-feira, o Programa das Nações Unidas para o Meio Ambiente (PNUMA) anunciou que a Nigéria, Benin, Togo, Gana e a Costa do Marfim deixarão de importar diesel europeu com conteúdo excessivo de enxofre. Hoje estamos dando um grande salto em frente", declarou a ministra nigeriana do Meio Ambiente, Amina Mohammed. "Estamos baixando o limite do teor de enxofre de 3.000 ppm para 50 ppm". Isto resultará em uma grande melhoria na qualidade do ar em nossas cidades e também nos permitirá estabelecer padrões modernos para nossa frota de veículos".

A Flandres não está a bordo
Enquanto em Amsterdã, Haia e África os bonecos dançavam, em Antuérpia e Flandres permanecia notavelmente quieto. Um telefonema para a Autoridade Portuária, o vereador do porto e o ministro-presidente flamengo, soube que ninguém parecia estar ciente do que estava acontecendo ao nosso redor nas últimas semanas. Embora o Porto de Antuérpia desempenhe um papel importante na exportação de "diesel sujo".

O Ministro Flamengo de Cooperação para o Desenvolvimento e Comércio Exterior Geert Bourgeois está atualmente em uma visita de trabalho ao Texas. Pesquisamos seu gabinete para uma reação à iniciativa de sua colega holandesa, Lilianne Ploumen, e pela responsabilidade política de Flanders. Mas essa pergunta não pôde ser respondida facilmente.

Antuérpia não faz nada, mas acha que "abordagem internacional" é melhor
Na quarta-feira à tarde, a sp.a de Antuérpia pediu à cidade para "introduzir a proibição de Amsterdã de produzir combustíveis altamente poluídos também em Antuérpia". Somente se os portos de Antuérpia, Amsterdã e Roterdã juntos introduzirem tal proibição, o comércio desses combustíveis fortemente poluídos poderá ser interrompido".

À noite, o vereador do porto Marc Van Peel também respondeu. "Concordo com os colegas holandeses que desejam estabelecer um pacto. No porto de Antuérpia também podemos fazer com que seja negociável sentar-se à mesa com as empresas portuárias a respeito disso. Mas seria muito mais eficaz se enfrentássemos isto internacionalmente". Talvez pudéssemos elaborar uma ação em conjunto com Amsterdã. Ou optamos por uma regulamentação européia, ou os países africanos têm que tomar as medidas corretas. Esse curso de ação terá mais efeito do que se os portos europeus tomassem medidas individualmente.

O mestre portuário acrescenta que o número de iniciativas de sustentabilidade do porto hoje não pode mais ser contado por um lado. Mas também devemos ter o cuidado de manter as empresas a bordo", ele ecoa. É por isso que uma abordagem internacional em torno desta questão do combustível conseguirá mais do que uma proibição que não podemos impor legalmente, mas que só soa bem".

Portanto, a ação internacional parece ser a única abordagem correta, quanto mais não seja para salvaguardar os interesses econômicos dos portos da ARA. Levanta a questão de quem vai tomar essa ação e reunir os principais atores em torno da mesa. A Holanda e a África já tomaram medidas. Antuérpia e Flandres estão desesperadamente atrasadas. Chegou a hora de mudar de rumo? Ou será que a batata quente será simplesmente passada adiante?

A estratégia de saída do grande petróleo?

A estratégia de saída das majors de petróleo e gás, uma bomba relógio
Se o mundo pós-fóssil é inevitável, o que isso significa para os gigantes do petróleo e do gás? Será que eles estão prontos para essa revolução? De acordo com Olivier Beys, eles podem seguir três cenários, nenhum deles simples ou óbvio. Uma análise.

Tom Kenis examinou artisticamente em MO* a mudança do pico de petróleo para o pico de demanda de petróleo. Ele argumenta com razão que a demanda, ao invés da oferta necessariamente limitada de combustíveis fósseis, nos levará inexoravelmente a um mundo pós-fóssil. Mas o que isto significa para os gigantes do petróleo e do gás e, acima de tudo, eles estão prontos para esse futuro completamente revolucionário?

Um periquito no poço da mina na Bélgica
Houve uma grande agitação em 2016 após a aquisição da empresa belga Lampiris pela gigante francesa de petróleo e gás Total. A Lampiris, que se comercializou como o maior fornecedor de eletricidade (e gás) 100% verde, foi acusada de vender sua alma ao diabo.

Não surpreende que, alguns meses após a aquisição, a empresa tenha balançado no final do ranking de fornecedores de energia publicado pela Greenpeace em setembro passado, e logicamente perdeu um monte de clientes para concorrentes como a Eneco.

Mais interessante é a questão de por que a Total está se aventurando em setores nos quais ela tem pouca ou nenhuma experiência. Kenis já fez alusão ao mundo completamente diferente em que vivemos após a crise financeira de 2008. Valores estabelecidos como Total estão fazendo uma (por enquanto ligeira) mudança de direção para dar uma (início de a) resposta aos desafios no panorama energético em rápida mudança.

Como os investimentos no setor de energia são amortizados ao longo de décadas e não apenas alguns anos, uma resposta adequada a essas evoluções é ainda mais importante. O exemplo da Total e da Lampiris é apenas a ilustração em nosso país de uma tendência mais ampla.

O tempo é essencial

Há inúmeras razões pelas quais uma revisão completa da estratégia e até mesmo do modelo de negócios está na ordem do dia no setor. Em parte, é claro, trata-se da proliferação de acordos e tratados políticos internacionais, como o Acordo Climático de Paris que entrou em vigor em 4 de novembro de 2016, ou a proibição de gases nocivos ao clima de instalações de refrigeração, acordada em Kigali em outubro de 2016. Muita coisa também está se movendo em nível nacional, como ilustra o trabalho legislativo em torno da proibição do motor de combustão interna em automóveis até 2025 ou 2030 na Noruega, Holanda, Alemanha e em outros lugares.

Esta legislação vai de mãos dadas com o enorme progresso tecnológico em alternativas que vão desde energias renováveis, eletrificação da mobilidade e do calor, novas possibilidades de armazenamento, inovações de rede e assim por diante. Mas pelo menos tão importante é a rápida conscientização no setor financeiro de que o risco de depreciação antecipada dos investimentos em combustíveis fósseis é um grande problema.

Isso significa um risco para os retornos dos investidores e até mesmo para a estabilidade de todo o sistema financeiro e econômico no qual os combustíveis fósseis ainda desempenham um papel importante.

Uma das vozes mais autorizadas em busca de uma resposta a este risco é o Conselho de Estabilidade Financeira do G20. Através de sua Força Tarefa sobre Divulgações Financeiras Relacionadas ao Clima, deixou claro recentemente que os modelos de negócios das empresas devem estar alinhados com um cenário de 2°C, e que os investimentos financeiros relacionados ao clima devem ser divulgados.

Somente então é possível uma análise de risco sólida, que constitui a base para decisões de investimento sólidas e confiáveis.

Tudo isso conjura pesadelos para as empresas de petróleo e gás. Como a ONG Oil Change International deixou inequivocamente claro em setembro, as emissões potenciais de todos os campos de petróleo, gás e carvão atualmente em uso são suficientes para nos empurrar para além dos 2°C.

Teoricamente, em outras palavras, não há mais espaço para exploração e desenvolvimento de novos campos, sem mencionar os desafios tecnicamente cada vez mais difíceis e arriscados de bombear em águas profundas ou no Ártico. Isso, em suma, é um nó de problema.

Estratégia com petróleo e gás

Como observei anteriormente no The Standard, existem cerca de três estratégias para que tais empresas resolvam seus problemas.

A primeira abordagem se baseia na crença de alguns no setor de que ainda conseguem queimar suas reservas, ao contrário de seus concorrentes. Eles compram os concorrentes, cortam custos e atrapalham os oponentes na criação de grandes projetos.

Uma segunda abordagem é a inversa: um cenário contracionista, vendendo ativos e concentrando-se em atividades lucrativas que produzem dividendos suficientes para os acionistas - que, neste caso, exercem pressão positiva sobre a eliminação de atividades específicas.

Uma terceira abordagem reside na mudança para atividades em outros setores, notadamente a prestação de serviços no setor de energia, energia renovável, redes e similares. Desta forma, eles entram no rebanho dos grandes produtores de energia no setor elétrico, que por sua vez, fazem sua própria conversão.

Eles se juntam ao clube de antigas mas ainda influentes empresas de serviços públicos como a Engie (ex GDF-Suez), RWE e E.ON da França. Eles separaram seus produtos e serviços voltados para o futuro e lucrativos no setor elétrico de sua antiga, poluente e centralizada produção de energia. Isto é um pouco análogo aos bancos que colocaram seus empréstimos de lixo em uma entidade separada ou "mau banco" no rescaldo do crash financeiro de 2008.

O total parece estar indo para a terceira opção, graças em parte à sua aquisição da Lampiris e a sua experiência e participação no mercado, comprando o fabricante de baterias Saft e o fabricante de painéis solares Sunpower.

Nota importante, porém: Os investimentos totais nestes setores continuam sendo uma ninharia em comparação com seus gastos totais de capital, particularmente em petróleo e gás. Então, eles são sérios, ou estão fazendo estes investimentos apenas agora que os preços do petróleo estão baixos (e é provável que permaneçam assim por algum tempo)? Afinal de contas, as aventuras passadas da Shell ou da "Beyond Petroleum" BP convidam à vigilância.

Prospectiva

Jeremy Leggett, o homem por trás do fabricante PV SolarCentury e também James Watson, diretor da organização de lobby europeu SolarEurope, já estão levando a sério as diligências da Total. A questão é como a Total e outros gigantes do petróleo e gás estão preparados para o futuro.

O CDP observa uma clara lacuna transatlântica entre empresas européias e norte-americanas, com a Statoil,

Eni e Total na pole position. Isto se deve principalmente à maior proporção de gás entre as empresas européias e, em certa medida, a uma maior diversificação de suas operações, enquanto os norte-americanos estão mais inclinados a operar em areias asfálticas e similares.

Também encontramos diferenças significativas no discurso. Por exemplo, as empresas européias assinaram uma carta notória após as negociações climáticas de Paris, pedindo um preço sobre o carbono, longe de serem apoiadas por suas contrapartes norte-americanas.

Um preço de carbono joga a favor dos europeus devido a seus recursos de gás menos intensivos em carbono, indicando que não há solidariedade no setor. É cada um por si, o que explica por que algumas empresas pensam que podem ser mais espertas que a concorrência.

A título de exemplo, isto é evidente nas conversas que o correspondente de clima Jelmer Mommers teve com funcionários da Shell em 2016. Eles estão quase unanimemente convencidos da superioridade de sua própria empresa.

O mar ainda é profundo
O CDP pode fornecer uma classificação entre eles (com exceção da Saudi Aramco, Rosneft e PetroChina, que não responderam ao CDP), mas a mesma pesquisa mostra que "investimentos de baixo carbono"

representam apenas 1,5% dos US$ 160 bilhões em investimento de capital total.

Em outras palavras, eles ainda concentram sua estratégia em explorar (e provar) as reservas de recursos, esperando que a posse dessas reservas comprovadas aumente seu valor. Eles erram. Como o CDP também aponta, espera-se um pico de demanda em algum momento da próxima década. Esse é um prazo muito apertado para fazer a mudança e tirar essas enormes reservas de combustíveis fósseis dos balanços.

Além disso, empresas de propriedade de governos nacionais estão impedindo o acesso a recursos facilmente acessíveis, o que praticamente força essas empresas internacionais e privadas a procurarem em zonas como o Ártico ou o mar profundo.

Esses projetos não são apenas um caso dispendioso, eles são técnica e logisticamente extremamente desafiadores e, do ponto de vista ambiental, acarretam riscos irresponsáveis.

O CDP também observa que a administração dessas empresas ainda é recompensada principalmente com base na produção que a empresa produz. Não é à toa que vemos pouca mudança estrutural nas estratégias de longo prazo destes mastodontes.

Em resumo, esses 11 gigantes do petróleo e do gás não estão totalmente preparados para se manterem firmes contra as águas políticas, naturais e financeiras em fúria nas próximas décadas.

Que as 11 empresas pesquisadas estão entre as maiores de uma indústria responsável por 50% das emissões globais de CO2 também devem fazer soar o alarme em você e em mim. Se de alguma forma elas conseguirem continuar a exploração de combustíveis fósseis, o clima estará condenado.

Por outro lado, um colapso descontrolado deste setor poderia abalar indústrias, economias e países e regiões inteiras e representar um perigo para a paz mundial.

É política, estúpido

Mais uma razão, então, para pressionar por relatórios completos e transparentes das carteiras de investimento dos bancos e investidores institucionais, tais como fundos de pensão, administradores de ativos e seguradoras, e para exigir que as empresas adotem ambições climáticas em linha com a faixa de 1,5° a 2°C.

Esta é uma área em que a sociedade, os cidadãos e a política desempenham um papel decisivo. Portanto, não somos de modo algum impotentes diante desses gigantes. Acima de tudo, temos que querê-lo, e aplicá-lo publicamente e na arena política.

Agenda contraproducente para lucros sustentados
Um bilhão de dólares. Este é o orçamento total gasto pelas cinco maiores empresas de petróleo e gás desde o acordo climático de Paris em campanhas de lobby para atrasar as políticas climáticas, e em campanhas publicitárias para dar-lhes uma imagem verde. Após a primeira audiência sobre o engano climático no Parlamento Europeu, os parlamentares estão pedindo que seja negado o acesso da ExxonMobil às instituições européias.

ExxonMobil, Shell, Chevron, BP e Total juntos gastaram US$ 195 milhões por ano desde 2015 em campanhas publicitárias para dar-lhes uma imagem verde, enquanto simultaneamente gastaram US$ 200 milhões por ano em lobby político para controlar, atrasar ou bloquear medidas climáticas.

Os dados foram coletados pelo InfluenceMap, um think tank sediado em Londres.

O relatório divulgado na sexta-feira mostrou, entre outras coisas, que a BP doou US$ 13 milhões para uma campanha que impediu com sucesso a introdução de uma taxa de carbono no estado de Washington. Cada uma das cinco empresas mencionadas, a propósito, é membro do Instituto Americano de Petróleo, que no ano passado conseguiu desregulamentar a produção de petróleo e gás nos Estados Unidos e reduzir as restrições às emissões de gás metano.

"Tudo isso enquanto as grandes empresas petrolíferas estão apenas emergindo como os parceiros mais importantes na transição energética", disseram os autores do relatório.

Audiência ExxonMobil

A publicação do relatório veio um dia após a primeira audiência no Parlamento Europeu, onde um gigante do petróleo teve que responder por engano climático. A Multinacional ExxonMobil teria sabido em 1977 que as emissões de CO2 levam à mudança climática. Por reter e negar essa informação, já estão pendentes ações judiciais contra a empresa em Massachusetts, no estado de Nova Iorque e em Washington.

Na audiência do Parlamento Europeu, Geoffrey Supran, pesquisador do MIT e de Harvard, apresentou os resultados de um estudo que examinou 200 documentos internos da ExxonMobil. Oitenta por cento desses documentos confirmaram as conclusões alarmantes dos cientistas climáticos. Cerca da mesma porcentagem de todos os artigos e colunas publicados pela ExxonMobil durante o mesmo período lançaram dúvidas sobre isso.

"Vamos encarar: a ciência da mudança climática é muito incerta", escreveu a empresa no New York Times em 1997. Em 2000, ela ecoou, "é impossível para os cientistas atribuir o recente aumento da temperatura a causas humanas".

"É a convicção da grande maioria dos especialistas em combustíveis fósseis que as empresas, incluindo a ExxonMobil, espalharam informações errôneas para enganar o público e os políticos, e bloquear a ação", falou Geoffrey Supran no final de sua apresentação. "Infelizmente, eles tiveram grande sucesso nisso".

Contribuição para a economia européia

A própria ExxonMobil não compareceu à audiência. Em carta enviada à IPS, Nicolaas Baeckelmans, vice-presidente de Assuntos Europeus da empresa, pediu aos parlamentares organizadores que prestassem atenção a "nossa contribuição substancial à economia européia, 14.000 funcionários em 16 países da UE e 10 bilhões em investimentos entre 2013 e 2017".

Ele também se refere a um estudo científico, encomendado e pago pela ExxonMobil em 2018, que subcotou o trabalho de Geoffrey Supran.

A ausência da ExxonMobil não foi bem recebida, dada a gravidade da acusação. Molly Scott Cato, deputada pelo Grupo dos Verdes, apresentou uma proposta para negar aos lobistas da ExxonMobil o acesso ao Parlamento Europeu a partir de agora.

Se a proposta for aprovada até o final de abril, a ExxonMobil será a segunda multinacional a fazer com que isso aconteça com ela. A primeira foi a Monsanto. A empresa recusou-se a comparecer há um ano e meio em uma audiência sobre interferência não autorizada nos estudos sobre o glifosato em RoundUp, um assassino de ervas daninhas.

Lobbyists em Bruxelas
A proposta de Catão é um passo inestimável para os ativistas do clima. Apenas dois dias antes da audiência, a ONG Corporate Europe Observatory, com sede em Bruxelas, anunciou que a ExxonMobil gastou 35 milhões de euros em campanhas de lobby para influenciar os formuladores de políticas européias desde 2010.

A empresa emprega diretamente 12 lobistas em Bruxelas e também faz parte de quatro grupos de reflexão e seis grupos de interesse que, juntos, empregam 170 lobistas.

121

Os lobistas e executivos estão em contato direto com os comissários da UE e ocupam posições-chave em grupos de especialistas e conselhos consultivos da UE.

"Está claro para todos que a ExxonMobil, e os outros gigantes do petróleo, estão fazendo o que podem para não comprometer seu modelo de receita", disse Pascoe Sabido, pesquisador do Observatório Corporativo Europa.

"Se seus interesses são de fato tão contrários ao que é necessário para combater o aquecimento global, então não temos outra escolha senão negar-lhes o direito de ter uma palavra a dizer sobre as soluções". Devemos proteger os formuladores de políticas contra sua influência".

Sabido compara a situação com a luta contra a indústria do tabaco há 20 anos. Uma das medidas mais decisivas nesta luta foi o artigo da Convenção das Nações Unidas para o Controle do Tabaco que "isenta a política de saúde de interesses comerciais e outros interesses particulares".

Sabido: "Isto também é o que é necessário nesta discussão: erguer um muro entre os formuladores de políticas e a indústria do tabaco para que possamos alcançar o que precisamos alcançar".

A ExxonMobil nega formalmente todas as alegações feitas no Parlamento Europeu na última quinta-feira.

Os principais bancos europeus investem fortemente em novas explorações de petróleo e gás

Grandes bancos como o HSBC, Barclays e BNP Paribas continuam a investir fortemente em empresas que expandem sua produção de petróleo e gás. Ao fazer isso, eles estão indo contra a ciência climática, dizem os ativistas.

Para limitar o aquecimento global a 1,5 graus, não são mais permitidos investimentos em novos campos de petróleo e gás. Isso foi anunciado no ano passado pela Agência Internacional de Energia (AIE), a instituição de energia mais influente do mundo.

Mas os novos números da ShareAction mostram que essa mensagem ainda não foi capturada por muitos dos principais bancos da Europa. A ONG britânica analisou o financiamento de 25 dos maiores bancos da Europa para 50 empresas com grandes planos de expansão de petróleo e gás, incluindo Exxon Mobil, Saudi Aramco, Shell e BP.

Isto mostra que os bancos forneceram mais de US$ 400 bilhões em financiamento a essas empresas desde 2016. O banco britânico HSBC lidera a lista com US$ 59 bilhões, seguido pelo Barclays (US$ 48 bilhões) e pelo BNP Paribas (US$ 46 bilhões).

Aliança Nettonul

Notável: 24 dos bancos são membros da chamada Net Zero Banking Alliance da ONU. Seus membros se comprometem a alinhar seu financiamento com as emissões líquidas até 2050. Mas desde que essa aliança foi formada em abril passado, os 24 bancos forneceram coletivamente 33 bilhões de dólares a empresas que expandiram sua produção de petróleo e gás.

Na verdade, mais da metade desse montante veio de quatro membros que co-fundaram a coalizão: HSBC, Barclays, BNP Paribas e Deutsche Bank.

No entanto, há também exemplos de que as coisas podem ser feitas de maneira diferente, diz ShareAction. O Commerzbank, o Crédit Mutuel e o La Banque Postale limitaram seus financiamentos para empresas que expandem a produção de petróleo e gás. No caso do Commerzbank, no entanto, isto se aplica apenas a novos clientes.

O La Banque Postale da França estabeleceu um importante precedente em outubro passado ao anunciar que sairá completamente do setor de petróleo e gás até 2030. Enquanto isso, o banco francês não financiará mais projetos e empresas fósseis, a menos que concordem em eliminar gradualmente suas atividades de petróleo e gás até 2040 e não desenvolvam novos projetos de petróleo e gás.
Perda

É também do interesse dos próprios bancos impor estas restrições, diz Xavier Lerin, da ShareAction.

Se a demanda por petróleo e gás cair, de acordo com cenários de 1,5 graus, os preços também cairão e os ativos ficarão presos", diz ele. E se a demanda não cair o suficiente para limitar o aquecimento a 1,5 graus, a economia sofrerá severos impactos climáticos físicos. Portanto, de qualquer forma, perde-se valor para as empresas de energia, bancos e seus investidores".

A ONG insta os gerentes de ativos a pressionar os bancos a exigirem políticas que limitem o financiamento para a expansão de petróleo e gás.

Total, a Shell e a BP compraram 100 bilhões de dólares de petróleo russo desde a anexação da Crimea

Novas pesquisas mostram que as empresas petrolíferas européias compraram 100 bilhões de dólares (cerca de 91 bilhões de euros) de petróleo da Rússia desde a anexação da Crimea pela Rússia.

As empresas petrolíferas Total, Shell e BP fizeram as compras no valor de 100 bilhões de dólares entre 2015 e 2021. Isto de acordo com Como o Grande Petróleo Europeu tem alimentado a guerra de Putin, uma nova análise da organização guarda-chuva européia Transport & Environment (T&E).

Big Oil demonstrou que não se pode confiar em colocar a ética acima dos lucros", diz a T&E com veemência.

Receita para a Rússia

Das três empresas petrolíferas européias, a TotalEnergies fez a maior contribuição à receita do Estado russo desde 2015, com compras no valor de 57 bilhões de dólares de petróleo russo. A Shell seguiu com compras no valor de US$ 27 bilhões, seguida pela BP (US$ 9 bilhões). A Total e a BP realmente aumentaram a quantidade de petróleo que importam da Rússia desde a anexação da Crimeia à Rússia em 2014.

Desde a invasão de Putin na Ucrânia, a Shell e a BP se retiraram do país, enquanto a Total planeja fazer isso até o final do ano. A Shell, em particular, ficou sob fogo por comprar um grande lote de petróleo russo com desconto, pelo qual teve que pedir desculpas.

A guerra é demais

As multinacionais petrolíferas afirmam ser éticas, mas só se preocupam com os lucros. Desde a anexação da Crimeia à Rússia, elas compraram bilhões de dólares em petróleo, financiando diretamente a agressão de Putin", disse Carlos Calvo Ambel, diretor sênior da T&E. A reação pública tornou a guerra atual demasiada para os patrões do petróleo, mas para o povo da Ucrânia é tarde demais".

Quatro em cada cinco dólares ganhos com as exportações russas de petróleo e gás são provenientes de compras de petróleo. Estes têm apoiado os gastos militares de Putin por mais de duas décadas, afirma a T&E na análise. "Entre 2019 e 2020, a Shell, BP e Total compraram petróleo no valor de um quarto do orçamento militar da Rússia.

Transição

A T&E também teme que a transição para a energia renovável não tenha um parceiro justo no setor petrolífero. As empresas petrolíferas estão obtendo lucros recordes graças ao aumento dos preços da energia, portanto não há razão para que elas matem esta vaca em dinheiro no curto prazo, argumenta a organização. As principais empresas petrolíferas não têm interesse em tornar a economia global mais verde o mais rápido possível", diz Calvo Ambel. Eles só agirão se forem obrigados a isso. Mas devemos esperar até que países como a Holanda estejam debaixo d'água antes que eles decidam que já chega"?

Os governos arriscam bilhões em reivindicações para reduzir projetos de petróleo e gás

De acordo com novas pesquisas, os investidores em petróleo e gás podem processar os governos por bilhões através de tratados opacos se as políticas climáticas ameaçarem seus lucros. Isto torna os governos relutantes em adotar políticas climáticas ambiciosas.

Os investidores podem usar numerosos tratados internacionais obscuros para vincular os países a sistemas energéticos poluentes e assim atrasar a ação climática, advertem os pesquisadores. Suas pesquisas foram publicadas na revista científica Science.

No total, as reivindicações legais valeriam US$340 bilhões. Isso é mais do que os 321 bilhões de dólares em dinheiro público gastos em financiamento climático em 2020.

Isto significa que o dinheiro que os países gastariam para construir um futuro com baixo teor de carbono poderia ir para as indústrias que, conscientemente, alimentaram a mudança climática. Isto compromete seriamente a capacidade dos países de lançar a transição energética", escrevem os autores.

Tratados internacionais
Os países assinaram milhares de tratados que protegem os investidores estrangeiros de ações governamentais.

Estes tratados permitem que os investidores processem os governos para indenização quando os contratos são quebrados, as licenças de perfuração negadas ou as políticas implementadas que afetam suas operações. Estes tratados são chamados de ISDS: acordos de disputa investidor-estado, ou acordos para resolver disputas entre investidores e estados.

O estudo adverte que os tratados "têm um efeito dissuasor" sobre os governos, impedindo-os de se atreverem a perseguir políticas climáticas ambiciosas. Isto "asfixiaria a transição climática", disse o co-autor

Kevin Gallagher, professor de política de desenvolvimento da Universidade de Boston.

Em um relatório abrangente, o painel climático da ONU (IPCC) também advertiu no mês passado que o mecanismo do ISDS ameaça retardar a transição energética.

Centenas de ações judiciais
No final de 2021, havia pelo menos 231 casos conhecidos em que investidores de combustíveis fósseis processaram um governo. Dos 171 casos que foram concluídos, um terço foi decidido a favor da empresa de combustíveis fósseis e outro terço acabou em um acordo.

Um caso recente é o da empresa britânica Ascent Resources, que entrou com um processo na quinta-feira contra o governo esloveno por introduzir uma proibição de fracionamento. A empresa já está exigindo 100 milhões de euros em danos, porque o governo exigiu que a empresa concluísse um estudo de impacto ambiental antes de fracionar perto de uma fonte de água.
A empresa petrolífera britânica Rockhopper também está exigindo do governo italiano uma compensação por uma proibição de perfuração de petróleo offshore. Nos EUA, a empresa canadense TC Energy está exigindo US$ 15 bilhões em indenizações porque o presidente americano Joe Biden suspendeu a construção do oleoduto Keystone XL.

Os países em desenvolvimento são os que mais sofrem com o ISDS

Os países em desenvolvimento, que mais necessitam de apoio para a transição das economias baseadas em combustíveis fósseis, sofrem as maiores perdas potenciais sob o sistema de disputa.

De acordo com o estudo, Moçambique, que deu luz verde a um enorme projeto de desenvolvimento de gás, encabeça a lista. O país poderia perder entre US$ 7 bilhões e US$ 31 bilhões em custos de compensação se mudar de rumo. Isto é seguido pela Guiana, onde foi encontrado um dos maiores campos petrolíferos nos últimos anos. Para este país, estão em jogo entre US$ 4 bilhões e US$ 21 bilhões. A Venezuela e a Rússia também estão em alto risco, assim como o Cazaquistão e a Indonésia.

Ao todo, 33 governos são vulneráveis a reivindicações se pararem projetos de petróleo e gás que estão em desenvolvimento mas ainda não estão ativos, escrevem os pesquisadores.

Foto incompleta

Este é o primeiro estudo a estimar nesta escala o custo potencial da cobertura de investimentos sujeitos a um mecanismo ISDS. No entanto, o estudo apresenta um quadro incompleto: os pesquisadores só analisaram projetos de petróleo e gás em fases de pré-produção. O estudo não contempla carvão, projetos operacionais de petróleo e gás, infra-estrutura de transporte de combustível, como oleodutos e terminais de GNL, ou investimentos em projetos que causam desmatamento tropical - a terceira maior fonte de emissões globais de gases de efeito estufa.

As empresas freqüentemente usam estruturas subsidiárias complexas para disfarçar o verdadeiro proprietário de uma empresa, o que significa que o verdadeiro custo potencial dos projetos de produção de petróleo e gás cobertos pelo ISDS provavelmente será muito mais alto.
Um estudo de 2020 que analisou exclusivamente o Tratado da Carta da Energia - o maior contribuinte para possíveis reivindicações - estimou em 1,3 trilhões de euros os pedidos de indenização dos investidores em combustíveis fósseis contra os Estados membros até 2050, nessa base.

Ecocídio
O autor desse estudo, Yamina Saheb, já esteve envolvido no Tratado da Carta da Energia, mas agora é um dos críticos mais declarados contra ele.

"É um desastre para a ação climática", diz Saheb, agora analista da OpenExp, chamando a continuação do mecanismo ISDS de "ecocídio" e uma "forma neocolonial de manter o controle sobre os países em desenvolvimento".

A Saheb explica que os acordos de compra de energia promovidos pelo Banco Mundial e outras instituições para garantir contratos de eletricidade de longo prazo para países em desenvolvimento têm vinculado países a contratos com investidores protegidos por tratados ISDS.

Se o Secretário Geral da ONU, António Guterres, quer colocar seu dinheiro onde está sua boca, ele deveria convocar uma reunião de emergência para dissolver todos os tratados do ISDS", disse Saheb. Se nós, como mundo, cumprimos as metas climáticas de Paris depende disso, conclui ela.

www.ingramcontent.com/pod-product-compliance
Lightning Source LLC
Chambersburg PA
CBHW071202130726
47998CB00002B/583